Astrid Hoffart

Astrid Lindgren und Ronja Räubertochter

Erfrischend neue Ideen und Materialien
zu Astrid und Ronja

Kopiervorlagen mit Lösungen

Gedruckt auf umweltbewusst gefertigtem, chlorfrei gebleichtem
und alterungsbeständigem Papier.

5. Auflage 2026

Illustrationen: Cordula Decker
Layout/Satz: PrePress-Salumae.com, Kaisheim
Druck: Rausch Druck GmbH, Aindlinger Str. 14, 86167 Augsburg

ISBN 978-3-95660-**125**-5

www.brigg-verlag.de

Inhalt

Ronja Räubertochter – literarischer Teil

Ronja Räubertochter – einführende Stunden

Hauptfiguren und Schauplätze

Lesebegleitheft zum Buch „Ronja Räubertochter“

Schatzkiste zu „Ronja Räubertochter“

Vorwort

„Ich habe immer gedacht, ich will nie ein Buch schreiben. Aber plötzlich konnte ich nicht mehr, da musste ich schreiben.“ (*Astrid Lindgren)*

Wie gut, dass Astrid Lindgren ihrem Vorsatz nicht treu bleiben konnte und uns so reich mit ihren Geschichten beschenkt hat. Undenkbar – eine Kindheit ohne Pippi Langstrumpf, Michel aus Lönneberga und all den anderen!
Astrid Lindgren hat Kinder über alles geliebt. Für sie hat sie alle ihre Bücher geschrieben – für die Kinder und das Kind in sich, das unterhalten werden wollte.
Viele ihrer Geschichten spielen im „entschwundenen Land“ ihrer Kindheit. Es war eine glückliche Kindheit auf dem Hof Näs nahe der Kleinstadt Vimmerby.
Diese Kindheit im „entschwundenen Land“ soll im Zentrum des biografischen Teils der Unterrichtsmaterialien stehen. Zum einen aus dem Grund, weil die berühmte schwedische Autorin selbst in ihren Interviews und autobiografischen Aufzeichnungen den inhaltlichen Schwerpunkt immer auf ihre Kindheit legt. Die Erinnerung an ihre Kindheit in Småland war für Astrid Lindgren eine unerschöpfliche Kraftquelle. Ihr Leben als Erwachsene in der Hauptstadt Stockholm lässt sie beinahe unerwähnt. Zum anderen aber hauptsächlich deshalb, weil sich die Schüler durch diese besondere Kindheit angesprochen fühlen und so ihre Motivation geweckt wird, diese Frau näher kennenlernen zu wollen.

Die Buchauswahl für den zweiten Teil dieser Materialien fiel auf „Ronja Räubertochter“. Als Lindgrens letzter Roman nimmt das Buch eine besondere Stellung in ihrem Werk ein. Es ist nicht nur eine virtuose Mischung verschiedener Gattungen. Auch die Ausgefeiltheit der Charaktere ist bemerkenswert. Vor allem die erwachsenen Figuren sind facettenreicher und präsenter als in den meisten ihrer anderen Werke. Zudem zählt es zu den bekannten Büchern, ist den Kindern aber noch nicht so geläufig wie zum Beispiel „Michel aus Lönneberga“ oder „Pippi Langstrumpf“.

Methodisch ist der biografische Teil in Stationen aufgeteilt, die die Kinder selbstständig bearbeiten können. Ein Lesebegleitheft führt durch das ausgewählte Buch „Ronja Räubertochter“ im zweiten Teil dieser Unterrichtsmaterialien. Sowohl in Teil 1 wie auch in Teil 2 befinden sich einführende bzw. vertiefende Stunden und Schatzkisten, in denen zusätzliches Material für den Lehrer bereitgestellt wird.
In kreativer, handlungs- und produktionsorientierter, aber dennoch geführter Form begleitet dieses Heft Lehrer und Schüler beim Eintauchen in die Welt Lindgrens.
Genauere Angaben zum Aufbau der Sequenzen sind in einer Beschreibung dem jeweiligen Teil vorangestellt.

„Ja, das grenzenloseste aller Abenteuer der Kindheit, das war das Leseabenteuer. Für mich begann es, als ich zum ersten Mal ein eigenes Buch bekam und mich da hineinschnupperte. In diesem Augenblick erwachte mein Lesehunger, und ein besseres Geschenk hat das Leben mir nicht beschert.“ *(Astrid Lindgren in: Das entschwundene Land)*

Nun wünsche ich allen Lehrern viel Freude bei diesem Projekt! Auf dass es uns gelingen möge, einen solchen Lesehunger in unseren Schülern zu wecken!

Ganz lieben Dank an meinen Mann Andreas, der mit Engelsgeduld im Schwedenurlaub alle Fotos schoss, und an die Lehrerin Andrea Neupert, die mit ihrer Klasse das Projekt durchführte!

Astrid Lindgren – biografischer Teil

„Das entschwundene Land“ der Kindheit Lindgrens

Kurzbiografie zu Astrid Lindgren:

Astrid Anna Emilia Ericsson wurde am 14. November 1907 auf Näs bei Vimmerby geboren. Sie war das erste Kind des Pächters Samuel August Ericsson und seiner Frau Hanna. Zusammen mit ihren drei Geschwistern hatte sie eine glückliche Kindheit auf diesem Hof. Nach ihrem Realexamen 1923 in Vimmerby machte sie ein Jahr Volontariat bei der Zeitung Vimmerby Tidningen. Da sie von ihrem damaligen, bereits verheirateten Chef ein Kind erwartete, zog sie 1926 nach Stockholm, um einen Aufruhr in der Kleinstadt Vimmerby zu vermeiden. In Stockholm ließ sie sich zur Sekretärin ausbilden. Sie lebte in sehr einfachen Verhältnissen, sodass sie hart sparen musste, um an Wochenenden mit dem Zug nach Kopenhagen fahren zu können, wo sie ihren Sohn Lars besuchen wollte, der nicht bei seiner alleinerziehenden Mutter wohnen durfte. Als sie 1928 auf der Suche nach anderen Arbeitsstellen dann beim Schwedischen Automobilclub als Sekretärin begann, lernte sie ihren zukünftigen Mann Sture Lindgren, den Präsidenten des Clubs, kennen. 1931 heirateten die beiden. Astrid Lindgrens Sohn Lasse wohnte bei ihnen und 1934 wurde seine kleine Schwester Karin geboren. Ab 1946, ein Jahr nach Erscheinen ihres großen Erfolgsbuches „Pippi Langstrumpf“, arbeitete sie als Lektorin beim Verlag Raben&Sjögren. Bis sie 1970 in Rente ging, sollte sie diesen Posten nicht verlassen. Trotz des sehr frühen Todes ihres Mannes Sture und auch ihres Sohnes Lars ließ sie sich nicht unterkriegen und veröffentlichte viele Kinderbücher, die bis heute in aller Welt bekannt sind. Ihre exponierte Stellung nutzte sie dazu, Einfluss auf Themen der Politik zu nehmen, die ihr wichtig waren. Ihre Satire „Pemperipossa von Monismanien“, in der sie 1976 das unsinnige schwedische Steuergesetz anprangerte, trug wesentlich zum Sturz der damaligen Regierung bei. Auch für den Tierschutz machte sie sich stark, was dazu führte, dass in Schweden ein neues Tierschutzgesetz, liebevoll „Lex Lindgren“ genannt, in Kraft trat. Vor allem aber lag ihr die Erziehung zum Frieden am Herzen. Ihre Rede „Niemals Gewalt“, die sie anlässlich der Verleihung des Friedenspreises des deutschen Buchhandels 1978 hielt, schlug hohe Wellen. Ihr Appell gegen die Gewalt bei der Kindererziehung brachte in diesem Bereich ein Umdenken hervor. Die Schweden waren die ersten, die ein Gesetz gegen Gewalt von Kindern verabschiedeten. Bis zu ihrem Tod am 28. Januar 2002 lebte sie in ihrer Wohnung in der Dalagatan in Stockholm, begraben liegt sie aber auf dem Friedhof in Vimmerby im Grab ihrer Eltern. Ihr Grabstein ist ein großer Stein von einer Kuhweide auf Näs.

Aufbau der Lindgren-Sequenz:

1) Einführende Stunden
2) Stationen, die das Leben von Lindgrens Kindheit veranschaulichen
3) Paralleltexte aus den Romanen der Autorin, die auf Erlebnissen der Kindheit basieren
4) „Lindgren-Schatzkiste“

Um die Kinder an die Schriftstellerin heranzuführen, der sie dann ausführlich in den Stationen begegnen werden, kann man sich an den **drei Einführungsstunden** orientieren.
In der **ersten Stunde** sammeln die Schüler ihr **bereits vorhandenes Wissen** über bekannte Bücher der Autorin. Dies geschieht durch den musikalischen Anreiz der Lieder zu den einzelnen Büchern (Die große Astrid-Lindgren-Lieder-CD, Oetinger Verlag). Hierauf wird eine Verknüpfung hergestellt, indem die Schüler erfahren, dass alle diese Bücher von derselben Autorin geschrieben wurden.
In der **zweiten Stunde** erfahren die Schüler dann, dass Glatteis und ein verstauchter Fuß daran „schuld“ waren, dass Astrid Lindgren überhaupt **mit dem Schreiben begonnen** hat. Zudem müssen sie feststellen, wer die eigentliche Erfinderin von Pippi Langstrumpf ist.
In der **dritten Stunde** dann lassen die Kinder die graue, traurige Hauptstadt hinter sich und schauen gemeinsam mit der Autorin aus dem Fenster am Stockholmer Schreibtisch ins **entschwundene Land der Kindheit** von Astrid Lindgren.
So ist ein Rahmen vorgegeben, in dem sich die Stationen bewegen. Die **Stationen** unterliegen nicht einer bestimmten Reihenfolge, da jede ein in sich abgeschlossenes Ereignis behandelt. So hat der Lehrer auch die Möglichkeit, nach Belieben die für ihn wichtigsten Stationen für die Schüler zusammen-

zustellen. Auch der Laufzettel kann dementsprechend flexibel gestaltet werden. Zur Differenzierung für leseschwächere Schüler bietet sich an, die Anzahl der Stationen noch weiter zu verringern. Ihr Laufzettel besteht dann vielleicht nur aus sechs Fenstern, wohingegen die stärksten Leser einen Laufzettel mit zehn Fenstern bekommen.

Kurze Anmerkungen zur Auswahl der Stationen:

1) Auf jeden Fall enthalten sein sollte die Station „Näs – Astrids Elternhaus“. Sie verankert die Stationen an einem festen Ausgangspunkt.
2) Die Station „Schwedische und deutsche Textstellen“ ist die alternative, schwierigere Variante zur Station „Schwedische und deutsche Titel“.
3) „Der kleine Schwedenführer“ hat nicht direkt etwas mit der Biografie Lindgrens zu tun, greift aber landestypische Merkmale auf, die man auch in Lindgrens Büchern wiederfinden kann.
4) Die Station „Spiele der Kindheit 2“ ist eine Erweiterung der Station „Spiele 1“.

Die Texte der Stationen sind, so weit es möglich war, im originalen Wortlaut der Autorin gehalten. So können die Kinder schon hier Astrid Lindgren persönlich begegnen. Die Schüler können die Stationen selbstständig bearbeiten und sie anhand der beiliegenden Lösungen selbst kontrollieren (soweit es sich nicht um kreative Gestaltung handelt).

*Die **ausgewählten Paralleltexte** beinhalten immer jeweils einen Bezugspunkt zu einer Station. Die Kinder werden die einzelnen Ereignisse in den Texten sofort wiedererkennen. In den „Kindern aus Bullerbü“ wird man den Eulenbaum mit dem hineingelegten Hühnerei wiederfinden, mit „Pippi“ spielen sie das berühmt gewordene Spiel „Nicht den Boden berühren“ und in „Madita“ treffen sie Anne-Marie Ingeström, Astrids beste Freundin, deren Spitzname „Madita“ war. So können sie mit Leichtigkeit die Symbole aus den Stationen dem passenden Text zuordnen. Die Aufgaben zu den Texten können auch zur Differenzierung für starke Schüler eingesetzt werden.*

Kurzer Hinweis zu den Arbeitsaufträgen für die Texte:

Zu den einzelnen Texten gibt es Arbeitsaufträge, die auf einem extra Blatt zusammengestellt sind. So kann der Lehrer selbst auswählen, welche Aufträge er mit der Klasse bearbeiten möchte. Die Aufträge können aber ebenfalls als Differenzierung verwendet werden.

*Die **„Lindgren-Schatzkiste“** bietet dann noch weitere Möglichkeiten zur kreativen und produktiven Vertiefung des Projektes.*

Legt man für diese Lindgren-Sequenz **ein Heft bzw. eine Mappe** an, geht man sicher, dass alle Arbeitsblätter zusammen bleiben und die Schüler so eine bleibende Erinnerung an diese Stunden mitnehmen können. (Als Titelblatt kann man das Arbeitsblatt „Die Lebenswelt von Astrid Lindgren“ aus der ersten Lindgren-Einführungsstunde verwenden.)

Boa →

1. Einstieg in das Thema: Diese Bücher kenne ich doch! Astrid Lindgren begegnen

Ziel:

Die Schüler sollen
- ihre Vorkenntnisse abrufen.
- sich erste Gedanken zur Autorin machen.

Benötigte Materialien:

Jeweils ein Exemplar der Kinderbücher Pippi, Michel, Madita, Karlsson, Bullerbü, Ronja, Saltkrokan und Kinder aus der Krachmacherstraße; „Die große Astrid-Lindgren-Lieder-CD", Porträt Astrid Lindgren, Bild Lindgren klettert, AB „Die Lebenswelt von Astrid Lindgren"

Tipp:

Die meisten Kinder besitzen bereits eigene Lindgren-Bücher. Sie könnten sie für die erste Stunde in die Schule mitbringen und sie, wenn möglich, über die ganze Projektphase hinweg in der Schule lassen, sodass man sie als eine kleine Ausstellung arrangieren kann.
Auch in Büchereien stehen die meisten Lindgren-Werke. Viele Büchereien bieten auch sogenannte „Themenkoffer" an, die ein Lehrer anfordern und dann über den Projektzeitraum hinweg behalten kann.

Einstieg Präsentation der Bücher im Sitzkreis Schüler äußern sich spontan L: Ich bin gespannt, ob ihr erkennt, welches Lied zu welchem Buch gehört. L: Wer das Buch ... kennt, kann gerne kurz etwas dazu erzählen.	Anspielen der Lieder, bis das entsprechende Buch erkannt wird.
Erarbeitung L: Weiß jemand, wer diese ganzen Bücher geschrieben hat? Schüler nennen den Namen (falls bekannt) Präsentation des Porträts (und des Namens) Spontane Schüleräußerungen L: Wie könnte diese Frau gewesen sein? L kündigt an, dass sie in der nächsten Zeit mehr zu Astrid Lindgren erfahren werden.	Festhalten des Namens an der Tafel (oder als Wortkarte im Sitzkreis) Sammeln von möglichen Eigenschaften auf Wortkarten
Vertiefung Präsentation des Bildes „Lindgren klettert" Spontane Schüleräußerungen L weist noch einmal auf die gesammelten Eigenschaften hin. Schüler setzen das Bild in Bezug zu den erarbeiteten Wortkarten. Schüler dürfen nun ein Bild mit den Figuren, die sie schon kennen, selber gestalten.	Platzieren des Bildes neben die bereits erarbeiteten Wortkarten AB „Die Welt der Astrid Lindgren"

Tipp:

Das schön gestaltete AB kann später als Titelblatt für das Lindgren-Heft verwendet werden.

Die Lebenswelt von

Astrid Lindgren

Astrid Lindgren – ein Mädchen, auch im Alter.

Man ist nie zu alt, um auf Bäume zu klettern.

2. Warum wir „Pippi Langstrumpf“ überhaupt kennenlernen durften

Ziel:

Die Schüler sollen
– erfahren, wie Pippi Langstrumpf eigentlich entstanden ist.

Benötigte Materialien:

Bild von Pippi, AB „Warum Glatteis daran schuld ist, dass wir Pippi Langstrumpf überhaupt kennen“

<table>
<tr><td>Einstieg
Präsentation des Pippi-Bildes
Spontane Schüleräußerungen</td><td></td></tr>
<tr><td>Erarbeitung
L: Ohne Glatteis gäbe es keine Pippi! Überlege mit deinem Partner, was das wohl bedeuten könnte.

L: Nun will ich euch nicht länger auf die Folter spannen. Ob jemand mit seinen Überlegungen recht hatte, erfahrt ihr, wenn ihr den Text lest.
L: Wer kann mir jetzt sagen, was es mit diesem Glatteis auf sich hatte.
Ss: Ohne Glatteis wäre Astrid Lindgren im Park nicht hingefallen, hätte sich den Fuß nicht verstaucht. Dann hätte sie nicht im Bett liegen müssen und wäre auch nicht auf die Idee gekommen, die Geschichte aufzuschreiben.</td><td>Festhalten der Überlegungen an der Tafel (oder auf Wortkarten)

AB „Warum Glatteis ...“

Festhalten der Erkenntnis an der Tafel: Ohne Glatteis hätte Astrid Lindgren möglicherweise nie angefangen zu schreiben.</td></tr>
<tr><td colspan="2">Vertiefung
Verschiedene Optionen:
– Erzählen der Schüler, was sie getan hätten, wenn sie mit einem verstauchten Fuß das Bett hätten hüten müssen
– Nachspielen der Szene, in der Karin krank im Bett liegt
– Nachspielen der Szene, in der Astrid mit verstauchtem Fuß im Bett liegt und auf die Idee kommt, Pippi aufzuschreiben</td></tr>
</table>

Warum Glatteis daran schuld ist, dass wir „Pippi Langstrumpf" überhaupt kennen

Astrid Lindgren erzählt euch selber, wer eigentlich die Idee zu Pippi hatte, und dass Glatteis im Park daran schuld ist, dass sie eine Kinderbuchautorin geworden ist. Hört ihr gut zu:
Wie die Pippi-Figur ursprünglich entstanden ist, habe ich so oft erzählt, weil ich so oft danach gefragt worden bin. Es hier noch einmal zu tun, kommt mir zwar dumm vor, aber trotzdem. 1941 lag meine Tochter Karin krank im Bett, und eines Abends sagte sie zu mir: „Erzähl mir was von Pippi Langstrumpf." Es war ein Name, der ihr gerade in diesem Augenblick durch den fieberheißen Kopf geschossen war. Ich tat ihr den Gefallen und dachte mir eine närrische Range aus, die zu dem Namen passen konnte, und musste bald entdecken, dass uns eine Pippi ins Haus geschneit war, die wir nicht wieder loswerden konnten. 
Für die Kinder hatte ich es ja geschrieben. Oder, richtiger gesagt, für das **Kind** in mir, das noch immer nach Büchern hungert. Dieses Kind entdeckte mit Jubel – ja du liebe Zeit! –, Bücherschreiben macht ja genauso viel Spaß wie sie lesen! Und deshalb schreibe ich Kinderbücher.

Dass ich selbst mit der Zeit Kinderbuchautorin geworden bin, liegt einzig und allein am Wetter. Hätte es an einem bestimmten Märztag 1944 in Stockholm nicht geschneit, wäre es nie dazu gekommen.
Schon in meiner Schulzeit erhoben sich warnende Stimmen: „Du wirst mal Schriftstellerin, wenn du groß bist!" und – spöttischer: „Du wirst mal Vimmerbys Selma Lagerlöf". Das entsetzte mich so sehr, dass ich einen förmlichen Beschluss fasste: Niemals würde ich ein Buch schreiben.
Diesem Vorsatz bin ich bis zum März 1944 auch treu geblieben. Doch dann kam dieser Schnee, der die Straßen glitschig wie Schmierseife machte. Ich fiel hin, verstauchte mir den Fuß, musste liegen und hatte nichts zu tun. Was tut man da? Schreibt vielleicht ein Buch? Ich schrieb Pippi Langstrumpf.

Aufgaben für schnelle Leser:

Unterstreiche grün, wer Pippi eigentlich erfunden hat.
Was würdest du tun, wenn du dir den Fuß verstaucht hättest und im Bett liegen müsstest?
Erzählt es euch gegenseitig oder schreibt es auf.

3. Stunde: Wir machen uns auf die Reise ins „entschwundene Land“ – Einführung in die Stationen

Ziel:

Die Schüler sollen
- erfahren, dass mit dem „entschwundenen Land“ das Land von Lindgrens Kindheit gemeint ist.
- begreifen, dass Lindgren vieles aus ihren Geschichten selber in ihrer Kindheit erlebt hat.
- erfahren, dass die Stationen ihnen viel über Astrids Kindheit erzählen werden.

Benötigte Materialien:

Bild Schreibtisch Stockholm, kopierte Fenster, AB „Das entschwundene Land“, vorgefertigte Sprechblase, Symbole Wolke und Sonne

Einstieg Präsentation des Bildes von Astrids Schreibtisch in Stockholm Spontane SÄ L: Was sieht Astrid Lindgren wohl, wenn sie aus diesem Fenster schaut? Schüler vermuten L: Nein, sie sieht meistens „das entschwundene Land“. Schüler vermuten	Bild an TA kopierte Fenster für Vermutungen Woka „Entschwundenes Land“ an TA
Erarbeitung L: Wenn du den Text liest, weißt du, was das alles zu bedeuten hat. L: Jetzt kannst du mir sicher sagen, was das „entschwundene Land“ ist. Schüler: Das Land ihrer Kindheit L: Warum, glaubst du, sehnt sich Astrid Lindgren nach dem Land ihrer Kindheit. Schüler: Weil sie in Stockholm nie so glücklich war. L: Wenn du Stockholm und dem „entschwundenen Land“ jeweils ein Symbol zuordnen solltest, welches würdest du wählen? Schüler: Stockholm: etwas eher Düsteres (z. B. Wolke); „entschwundenes Land“; etwas Heiteres (z. B. Sonne) L: Was hat das entschwundene Land mit ihren Büchern zu tun? Schüler: Sie hat Erlebnisse aus ihrer Kindheit in ihre Bücher eingebaut.	Gemeinsames Erlesen des Textes „Das entschwundene Land“ TA „Das entschwundene Land“ ist das Land ihrer Kindheit. TA Sprechblase TA Symbol der Kinder (z.B. Wolke, Sonne) TA In ihren Büchern findet man Erlebnisse aus ihrer Kindheit.
Vertiefung L: Astrid Lindgren war im Land ihrer Kindheit sehr glücklich. Wenn du die Stationen bearbeitest, wirst du sehr viel über diese Kindheit erfahren.	Basteln des Laufzettels; Besprechen der Arbeitsweise der Stationen

Anmerkung:

Das Basteln des Laufzettels benötigt eine gewisse Zeit, sodass diese Stunde mehr als 45 Minuten in Anspruch nehmen wird.

Astrid Lindgrens Schreibtisch in Stockholm.

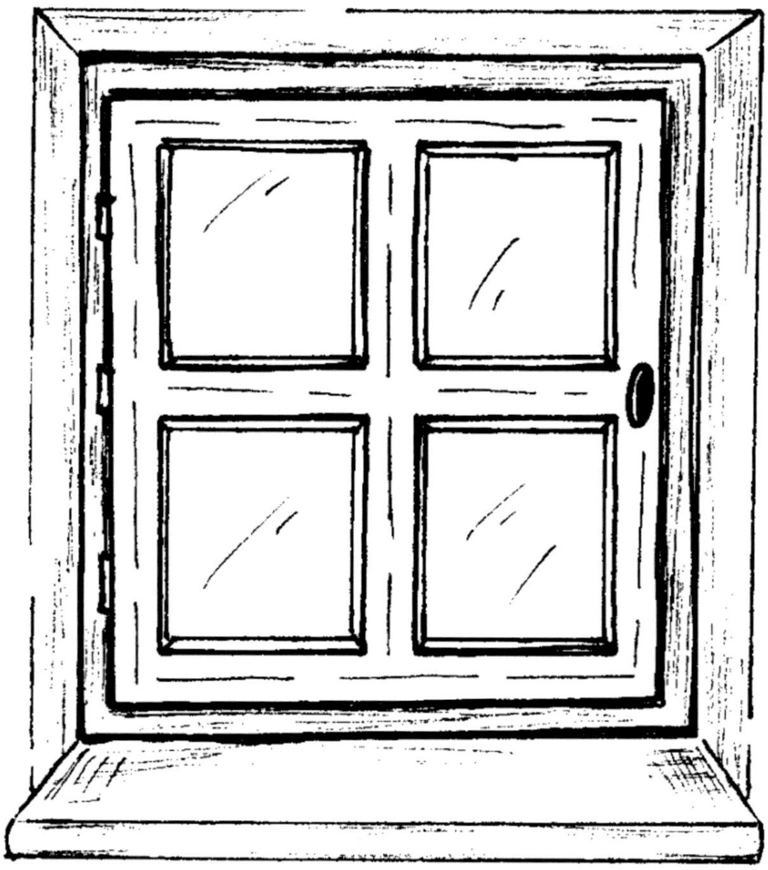

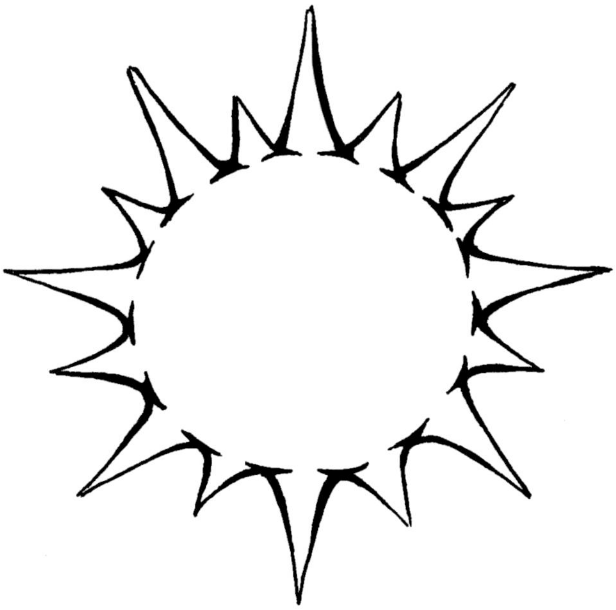

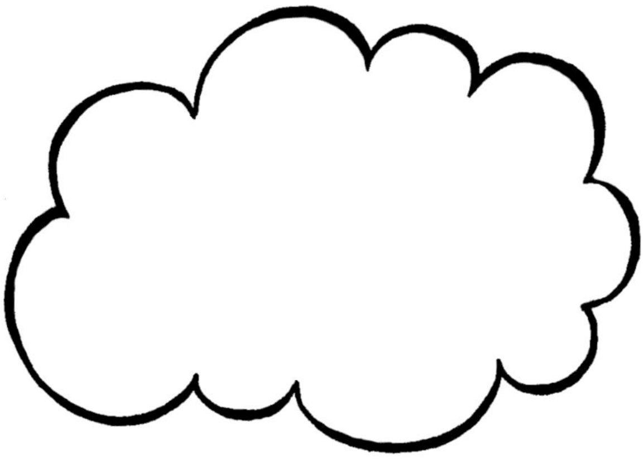

„Das entschwundene Land“

Astrid Lindgren sitzt in ihrer Wohnung (Die drei Fenster über dem Wort „Wasahov“)an ihrem Schreibtisch am Fenster. Wenn sie hinausschaut, sieht sie eine ziemlich befahrene Straße, aber auch den Vasapark, der auf der anderen Seite der Straße liegt.

Doch häufig, wenn sie aus dem Fenster blickt, nimmt sie die Straße und den Park gar nicht wahr. Sie ist mit den Gedanken ganz woanders. In dem „entschwundenen Land“ ihrer Kindheit, in dem sie glücklich war.

Dann vergisst sie, dass sie schon mit 19 Jahren alleine nach Stockholm kam und ziemlich unglücklich hier war. Später, als sie ihren Mann Sture Lindgren geheiratet und nach ihrem Sohn Lars noch ihre Tochter Karin bekommen hat, geht es ihr wieder besser. Trotzdem findet sie, dass in Stockholm „beinahe alles falsch war und die Menschen unglücklich waren.“

Sie denkt an ihre Kindheit auf dem kleinen Hof Näs nahe der Kleinstadt Vimmerby. Nie wieder war sie je so glücklich wie damals!

Dieses Land ihrer Kindheit gibt es so nicht mehr, denn sie ist erwachsen geworden. Mit großer Freude denkt sie an ihre unbeschwerte Kindheit zurück, die sie in diesem „entschwundenen Land“ erleben durfte.

Und genau aus diesem Land kommen auch die meisten ihrer Ideen für die Geschichten, die sie für euch (und natürlich auch für sich selbst) geschrieben hat: Wenn sie Pippis Villa Kunterbunt (auf Schwedisch heißt das „villa villekulla“) beschreibt, denkt sie an das Haus, das ihr Vater gebaut hat, als das Rote zu klein wurde.

Der Mittelhof in den Bullerbü-Büchern ist eigentlich das Geburtshaus von Astrids Vater Samuel-August.

Und Michel? Ja, Michel ist eigentlich ihr Vater, als er klein war. Er war offensichtlich genauso ein Racker wie Michel.

Das sind jetzt nur einige Beispiele dafür, wie Astrid ihre Ideen aus der Erinnerung an ihre Kindheit geborgt hat.

Schau mit Astrid gemeinsam in das „entschwundene Land“ und lass dir von ihr und Michel, Pippi und allen anderen Figuren aus den Büchern erzählen, wie wundervoll es im „entschwundenen Land“ gewesen ist.

1) Was sieht Astrid eigentlich, wenn sie aus ihrem Fenster am Schreibtisch blickt? Unterstreiche grün.
2) Wieso träumt Astrid so gerne von ihrer Kindheit? Unterstreiche blau.
3) Finde ein Symbol für das „entschwundene Land“ und eines, das für die Stadt Stockholm steht. Male es in die Kästchen.

Das entschwundene Land	Stockholm

Beinahe alles ist falsch und
die Menschen sind
unglücklich!
Wie schön war es doch im
entschwundenen Land
meiner Kindheit!

Mögliche Tafelanschrift

Vermutungen der Kinder:

Das „entschwundene Land“

In Astrid Lindgrens Büchern findet man Erlebnisse aus ihrer Kindheit.

Symbol „entschwundenes Land“:

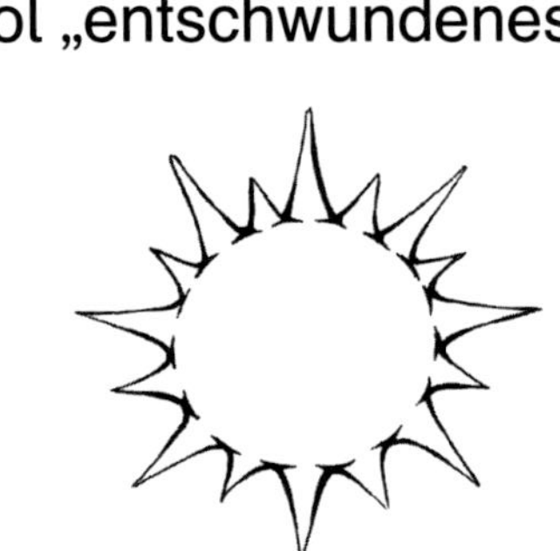

Symbol „Stockholm“:

Das „entschwundene Land“

Symbol für das
„entschwundenes Land“:

Symbol für das
Leben n Stockholm:

Allgemeines zu den Stationen

Anmerkungen zum Laufzettel:

Der Lehrer kann je nach Anzahl der ausgewählten Stationen die Anzahl der Fenster auf dem Laufzettel verändern. Jede Station ist durch ein Symbol gekennzeichnet. Dieses Symbol findet der Schüler ebenfalls auf dem Kärtchen, das bei jeder Station liegt und das er nach Bearbeiten der Station in ein freies Fenster klebt. So hat der Lehrer einen Überblick über die vom Schüler ausgewählten und bewältigten Stationen.

Basteln des Laufzettels:

Das brauchst du:
1 „Fenster-Blatt" auf DIN A4, 1 weißes DIN-A4-Blatt, Federmesser, Lineal, Klebestift

1) Nimm als Erstes das „Fenster-Blatt" zur Hand. Schneide nun jedes Fenster an drei Seiten auf: an der oberen, der rechten und der unteren. Am besten gelingt dir dies, wenn du das Lineal auf die zu schneidende Linie anlegst und mit dem Federmesser daran entlang fährst.
2) Wenn du alle Fenster so aufgeschnitten hast, drehe das Blatt um. Fahre mit dem Klebestift am Rand des Blattes entlang, auch an den festen Stellen innerhalb des Blattes. Vorsicht: Klebe nicht die Fenster zu!
3) Nimm das weiße DIN-A4-Blatt und klebe es darauf. So hast du eine Art Adventskalender mit schon geöffneten Türchen. Fertig!

Für jede fertig bearbeitete Station bekommst du ein Bildchen, das du in eines der Fenster klebst. So weißt du zum Schluss, was Astrid Lindgren alles sieht, wenn sie aus dem Fenster in ihr entschwundenes Land blickt.

Tipp:

Falls sich die Kinder schwer tun, die Laufzettel alleine nach Anleitung zu basteln, bietet es sich an, alles schrittweise im Plenum zu erstellen.
Man kann den Laufzettel auch in das Lindgren-Heft kleben und dort die Kärtchen einkleben.

Laufzettel von

Symbolkärtchen für die Stationen

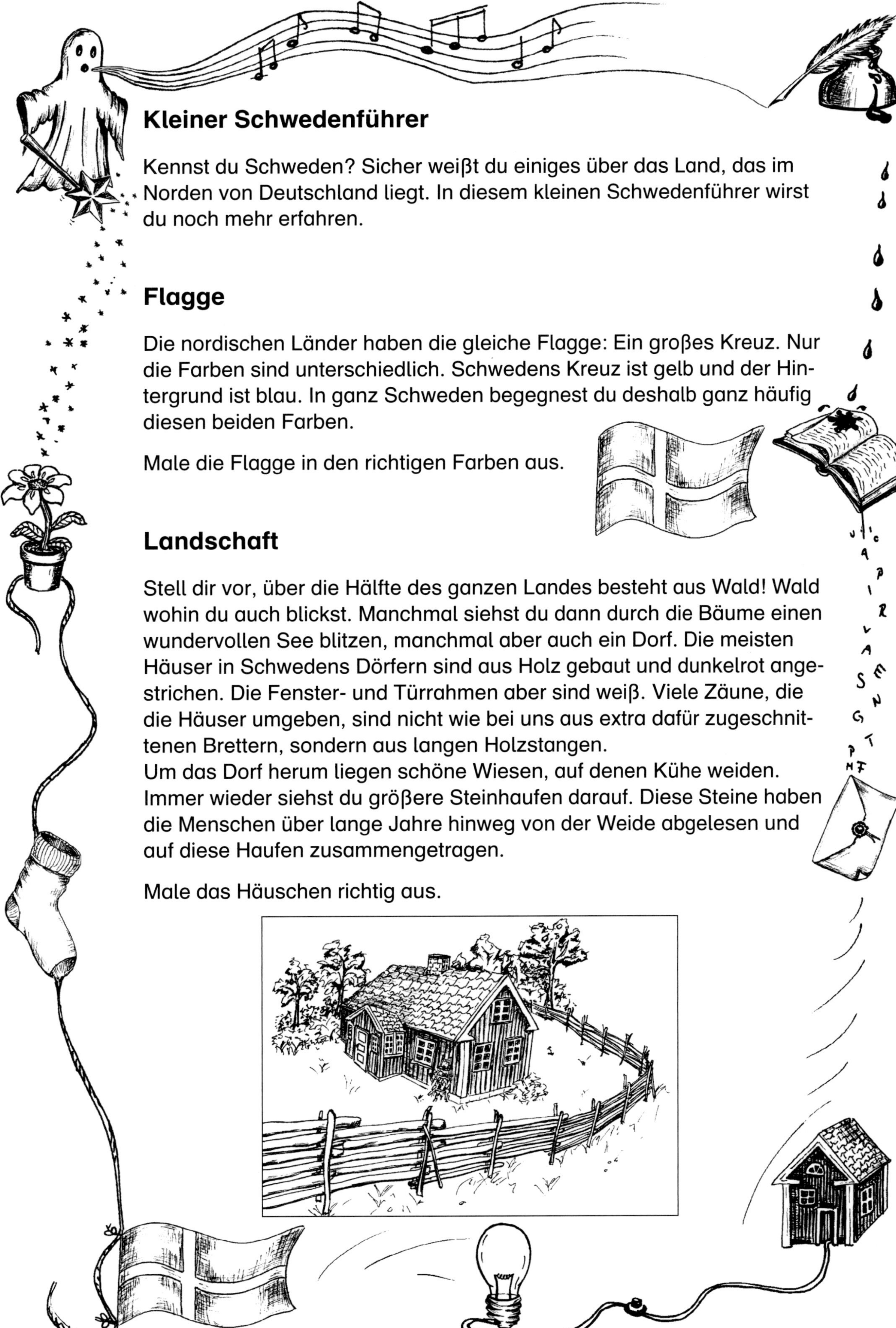

Kleiner Schwedenführer

Kennst du Schweden? Sicher weiβt du einiges über das Land, das im Norden von Deutschland liegt. In diesem kleinen Schwedenführer wirst du noch mehr erfahren.

Flagge

Die nordischen Länder haben die gleiche Flagge: Ein groβes Kreuz. Nur die Farben sind unterschiedlich. Schwedens Kreuz ist gelb und der Hintergrund ist blau. In ganz Schweden begegnest du deshalb ganz häufig diesen beiden Farben.

Male die Flagge in den richtigen Farben aus.

Landschaft

Stell dir vor, über die Hälfte des ganzen Landes besteht aus Wald! Wald wohin du auch blickst. Manchmal siehst du dann durch die Bäume einen wundervollen See blitzen, manchmal aber auch ein Dorf. Die meisten Häuser in Schwedens Dörfern sind aus Holz gebaut und dunkelrot angestrichen. Die Fenster- und Türrahmen aber sind weiβ. Viele Zäune, die die Häuser umgeben, sind nicht wie bei uns aus extra dafür zugeschnittenen Brettern, sondern aus langen Holzstangen.
Um das Dorf herum liegen schöne Wiesen, auf denen Kühe weiden. Immer wieder siehst du gröβere Steinhaufen darauf. Diese Steine haben die Menschen über lange Jahre hinweg von der Weide abgelesen und auf diese Haufen zusammengetragen.

Male das Häuschen richtig aus.

Elche

Fährst du auf Schwedens Straßen, begegnet dir häufig ein Schild. Dieses Tier kennst du sicherlich. Es ist ein Elch. Man sagt, es gibt in Schweden mehr Elche als Lastwagen. Diese Tiere leben in den großen Wäldern. Sie sind so etwas wie Schwedens Lieblingstiere. Mit ihren großen, samtigen Geweihen sind sie ganz schön riesig. Sie leben ziemlich versteckt. Jeder, der in Schweden ist, möchte gerne einmal einen solchen Elch sehen. Du fragst dich sicher, warum dieses Tier dann auf einem Verkehrsschild zu finden ist. Manchmal überqueren Elche die Straße, um von einem Waldstück in das andere zu kommen. Dabei sind diese schweren Tiere eine große Gefahr für die Autofahrer.

In Deutschland gibt es das gleiche Schild, nur findest du ein anderes Tier darauf. Weißt du, welches Tier am häufigsten abgebildet ist?

____

Midsommar

Um den 24. Juni herum feiern die Schweden ein großes Fest. Es heißt „Midsommar" (= Mittsommer). Da das Land weit im Norden liegt, geschieht an diesem Tag etwas Besonderes, das es bei uns nicht gibt: Die Sonne geht nicht unter. Es bleibt den ganzen Tag hell. Man trifft sich am Abend und tanzt um die „majstang", eine mit Blumen geschmückte Holzstange. Das Mittsommergericht, das es dazu gibt, ist „matjesill" (Marinierter Hering in süßer Soße mit Dillkartoffeln). Zum Nachtisch gibt es Erdbeeren mit Schlagsahne. Es ist das zweitgrößte Fest nach Weihnachten.

Schwedisch

Schwedisch hat ein bisschen Ähnlichkeit mit dem Deutschen. Wenn Schweden sich begrüßen, sagen sie „Hej hej" und wenn sie sich verabschieden, hört man „Hej då" (sprich hei do). Danke heißt „Tack" und Schokolade heißt „choklad".

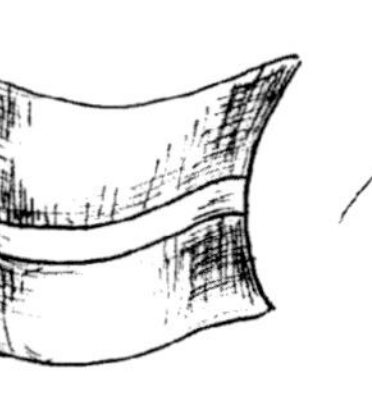

Station:

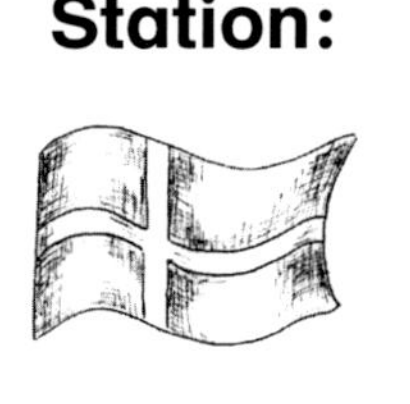

Schwedische und deutsche Titel der Lindgren-Bücher

Deutsche Titel	Schwedische Titel
Ronja Räubertochter	Lillebror och Karlsson på taket
Die Brüder Löwenherz	Pippi Långstrump
Die Kinder aus Bullerbü	Mästerdetektiven Blomkvist
Pippi Langstrumpf	Bröderna Lejonhjärta
Karlsson vom Dach	Bullerbyboken
Ferien auf Saltkrokan	Ronja rövardotter
Michel aus Lönneberga	Vi på Saltkråkan
Kalle Blomquist, der Meister-detektiv	Emil i Lönneberga

Versuche herauszufinden, welcher schwedische Titel zum deutschen Titel passt.
Male die zusammengehörigen Stellen in der gleichen Farbe an.

Hast du entdeckt, wie Michel auf Schwedisch heißt? Schreibe den schwedischen Namen auf:

____

Tipp:

Lies Deinem Partner die schwedischen Titel vor. Vielleicht erkennt ihr sie gemeinsam besser.

Schwedische und deutsche Textstellen aus Lindgren-Büchern

Blod! Inget tvivel om den saken! Han stirrade på den röda fläcken genom förstoringsglaset. Sedan flyttade han pipan över till andra mungipan och suckade.	Von all dem wusste Ronja nichts, dazu war sie noch zu klein. Sie ahnte nicht, dass ihr Vater ein gefürchteter Räuberhauptmann war. Für sie war er nur der bärtige, gutmütige Mattis, der lachte und sang und schrie und sie mit Brei fütterte. Ihn hatte sie lieb.
Om allt detta visste Ronja inget än, hon var för liten. Inte förstod hon då att hennes far var en fruktad rövarhövding. För henne var han bara den där skäggiga snälla Mattis som skrattade och sjöng och skrek och gav henne välling, honom tyckte hon om.	Außergewöhnlich in diesem Haus ist nur einer, und das ist Karlsson vom Dach. Er wohnt oben auf dem Dach, der Karlsson, und schon das ist ja etwas Außergewöhnliches.
Det finns bara en i hela huset som är ovanlig, och det är Karlsson på taket. Han bor uppe på taket, Karlsson, och redan det är ju ganska ovanligt.	Sie möchte so gerne lieb und brav sein, und es ist ein Jammer, dass es ihr nicht immer glücken will. „Diesem Kind kommen die Einfälle so rasch wie'n Ferkel blinzelt“, sagt Linus-Ida. Und das stimmt.
Hon vill så gärna vara snäll och lydig, därför är det synd att det ibland inte vill lyckas. "Den ungen får sina infall lika fort som en gris blinkar!, säjer Linus-Ida, och det är sant.	Blut! Daran gab's keinen Zweifel! Er starrte durch das Vergrößerungsglas auf den roten Fleck. Dann schob er die Pfeife in den anderen Mundwinkel und seufzte.

Versuche herauszufinden, welcher schwedische Text zum deutschen Text passt.
Male die zusammengehörigen Stellen in der gleichen Farbe an.
Kreise das Wort / die Wörter ein, an denen du erkannt hast, dass die Stellen zusammenpassen.

Vielleicht erkennst du ja die einzelnen Bücher, aus denen die Stellen sind!

Symbol:

Astrid Hoffart: Astrid Lindgren und Ronja Räubertochter · Best.-Nr. 125
© Brigg Verlag, Friedberg

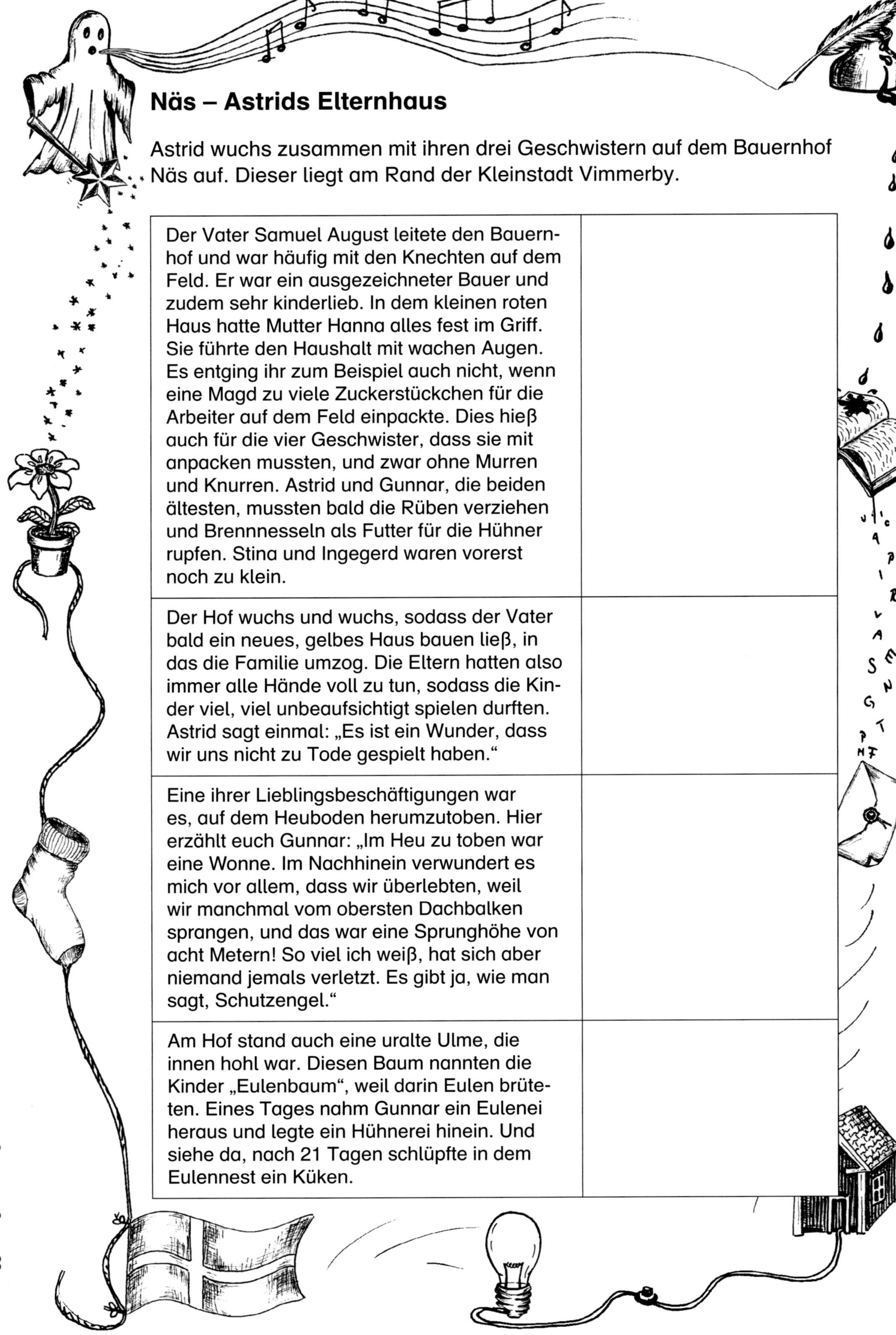

Näs – Astrids Elternhaus

Astrid wuchs zusammen mit ihren drei Geschwistern auf dem Bauernhof Näs auf. Dieser liegt am Rand der Kleinstadt Vimmerby.

Der Vater Samuel August leitete den Bauernhof und war häufig mit den Knechten auf dem Feld. Er war ein ausgezeichneter Bauer und zudem sehr kinderlieb. In dem kleinen roten Haus hatte Mutter Hanna alles fest im Griff. Sie führte den Haushalt mit wachen Augen. Es entging ihr zum Beispiel auch nicht, wenn eine Magd zu viele Zuckerstückchen für die Arbeiter auf dem Feld einpackte. Dies hieß auch für die vier Geschwister, dass sie mit anpacken mussten, und zwar ohne Murren und Knurren. Astrid und Gunnar, die beiden ältesten, mussten bald die Rüben verziehen und Brennnesseln als Futter für die Hühner rupfen. Stina und Ingegerd waren vorerst noch zu klein.	
Der Hof wuchs und wuchs, sodass der Vater bald ein neues, gelbes Haus bauen ließ, in das die Familie umzog. Die Eltern hatten also immer alle Hände voll zu tun, sodass die Kinder viel, viel unbeaufsichtigt spielen durften. Astrid sagt einmal: „Es ist ein Wunder, dass wir uns nicht zu Tode gespielt haben.“	
Eine ihrer Lieblingsbeschäftigungen war es, auf dem Heuboden herumzutoben. Hier erzählt euch Gunnar: „Im Heu zu toben war eine Wonne. Im Nachhinein verwundert es mich vor allem, dass wir überlebten, weil wir manchmal vom obersten Dachbalken sprangen, und das war eine Sprunghöhe von acht Metern! So viel ich weiß, hat sich aber niemand jemals verletzt. Es gibt ja, wie man sagt, Schutzengel.“	
Am Hof stand auch eine uralte Ulme, die innen hohl war. Diesen Baum nannten die Kinder „Eulenbaum“, weil darin Eulen brüteten. Eines Tages nahm Gunnar ein Eulenei heraus und legte ein Hühnerei hinein. Und siehe da, nach 21 Tagen schlüpfte in dem Eulennest ein Küken.	

Zu jedem Punkt findest du ein Bild. Schneide es aus und klebe es an die richtige Stelle. Das erste Haus, in dem Astrid gewohnt hat, kannst du rot ausmalen, das zweite gelb.

Bild: Papa Samuel August mit Ingegerd auf dem Schoß, daneben Astrid, vor ihr steht Stina, dann siehst du Gunnar und Mama Hanna.

Station:

Klebe in die weißen Felder die fehlenden Dinge ein.

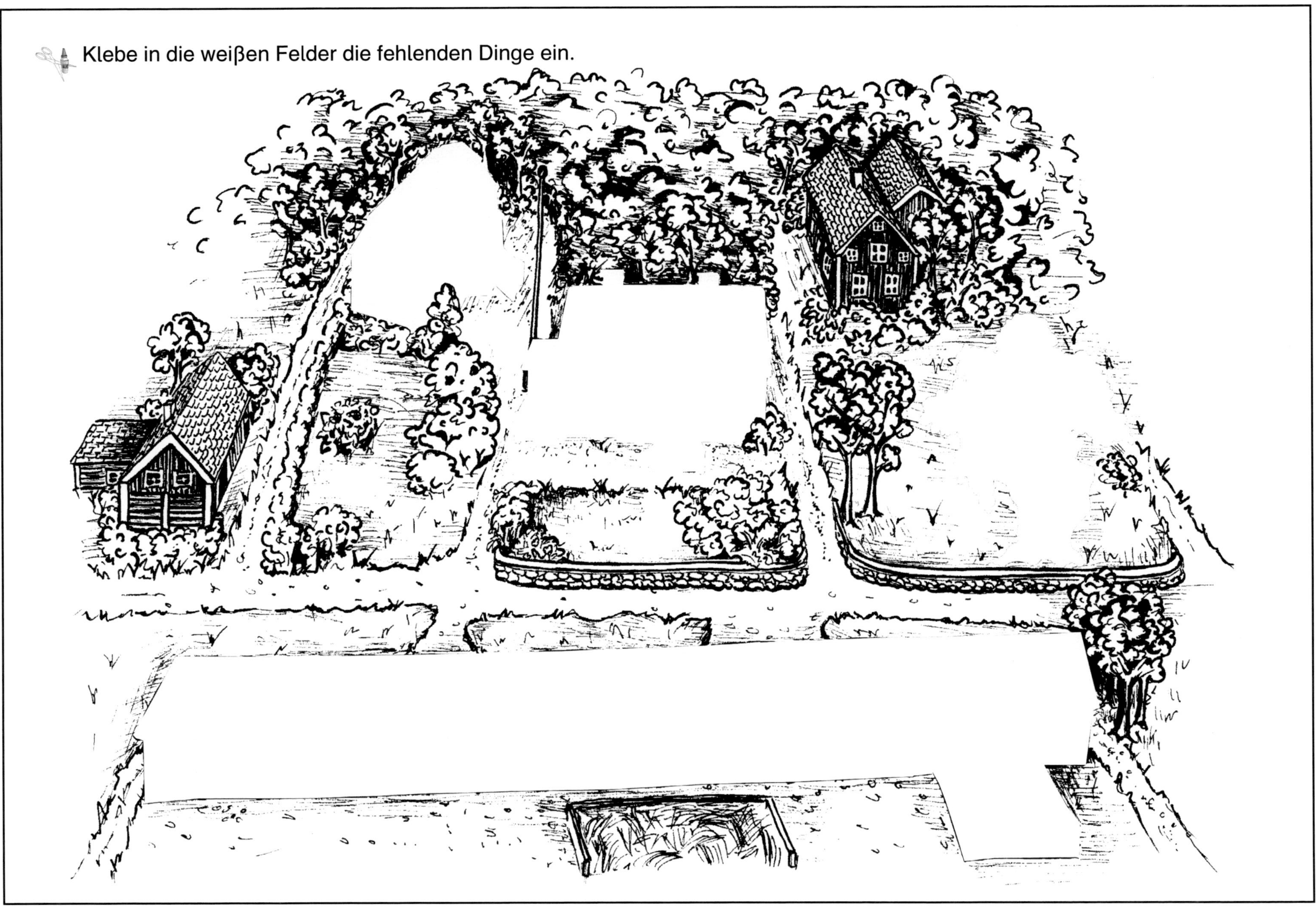

Klebe diese Bilder ein.

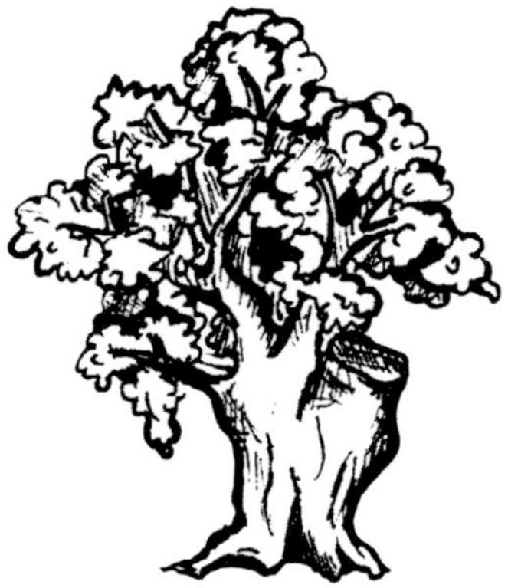

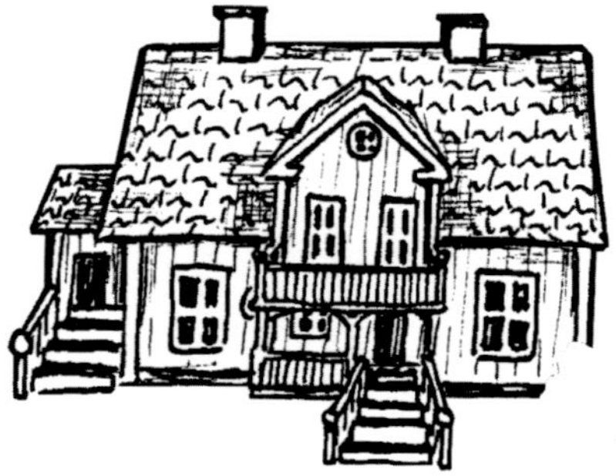

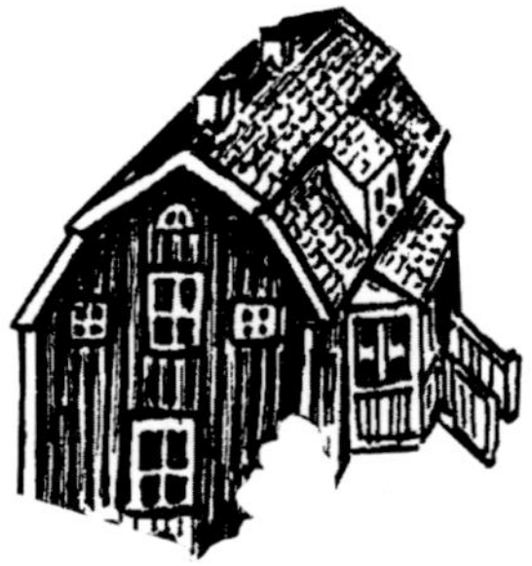

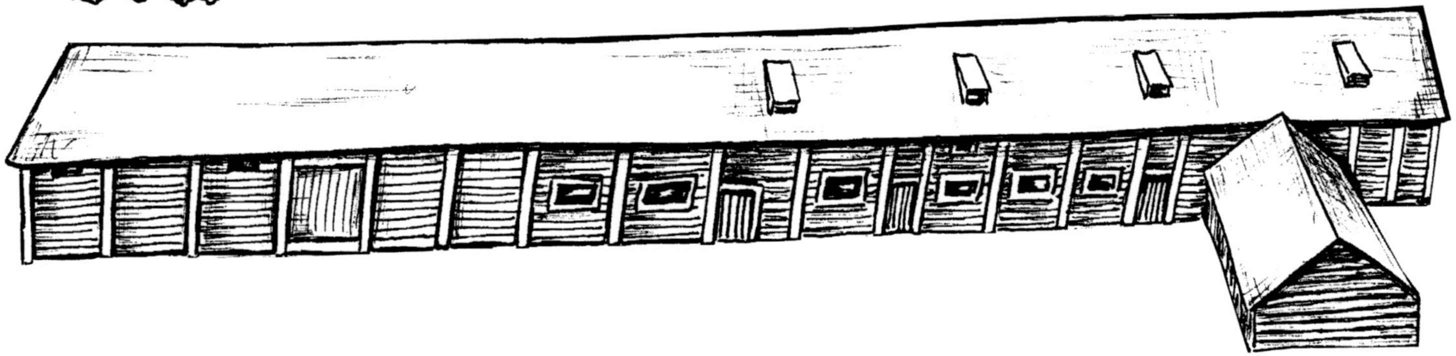

Spiele auf Näs I

An die Spiele in ihrer Kindheit erinnert sich Astrid besonders gerne. Einige ihrer liebsten Spiele findest du hier:

1) Kickse-Kickse-Hu (auf Schwedisch heißt es „Sicken blås“)

So funktioniert dieses Spiel:
Astrid und Gunnar rannten in entgegengesetzter Richtung von der Küche in den Flur, vom Flur ins Schlafzimmer, vom Schlafzimmer hinaus in die Küche usw. Wenn sie sich trafen, pieksten sie sich gegenseitig in den Bauch und riefen „Sicken blås“.

2) Nicht den Fußboden berühren

Dieses Spiel fand immer im Schlafzimmer statt. Aufgabe war es, einmal im Kreis durch das ganze Schlafzimmer zu klettern, ohne den Fußboden zu berühren.

Klebe die Möbelstücke in der richtigen Reihenfolge auf. Beginne beim Schreibtisch. Nummeriere zunächst in der Tabelle.

___	Vom Bett hüpfe ich auf den Wäschekorb.
___	Ich klettere auf den Schreibtisch.
___	Vom Schreibtisch hüpfe ich auf das Bett.
___	Vom Wäschekorb klettere ich auf den Ofen.
___	Vom Ofen steige ich auf die kleine Kommode.
___	Vom Sofa schwinge ich mit der nächsten Tür zur Spiegelkommode.
___	Von der kleinen Kommode schwinge ich mit der Tür zum Sofa.
___	Von der Spiegelkommode hüpfe ich wieder auf den Schreibtisch.

Tipp:

Baut in eurer Turnhalle im Sportunterricht einmal einen Parcours auf und spielt dieses Spiel nach!

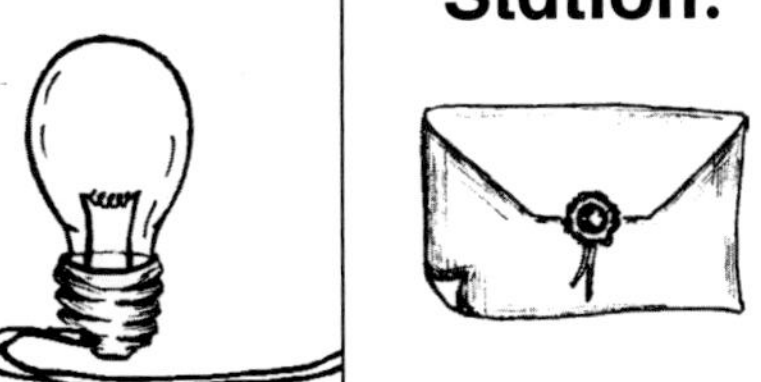

Klebe die Möbelstücke in der richtigen Reihenfolge auf. Beginne beim Schreibtisch.

Diese Möbelstücke klebst du ein.

Spiele auf Näs II

1) Heufuhren-Briefe

Zu Astrids Zeiten gab es in Småland viele Gattertore, damit das Vieh nicht ausreißen konnte. Die Bauern, die gerade bei der Heuernte besonders oft ihre Heufuhren nach Hause brachten, mussten bei jedem Gatter den Pferdewagen anhalten, vom Kutschbock springen und das Gatter öffnen. Wenn sie durchgefahren waren, mussten sie das Tor wieder schließen. Das war sehr anstrengend. Astrid und Gunnar besetzten zwei Gattertore, um sie immer zu öffnen, wenn ein Bauer kam. Der Bauer war dann so froh, dass er nicht absteigen musste, dass die Kinder, die ihm öffneten, ein kleines „Gattergeld“ bekamen. Damit die Stunden nicht lang wurden, schrieben sich Astrid und Gunnar stets kleine Briefe, die sie in die Heufuhren steckten. Kam der Bauer mit seiner Fuhre dann am nächsten Gatter an, konnte man den Brief aus dem Heu ziehen und lesen. Essen hatten sie auch dabei und so beschäftigten sie sich den ganzen Tag.

Schreibe dir mit deinem Freund / deiner Freundin „Heufuhren-Briefe“. Stell dir dabei vor, du würdest auf einem solchen Gatter sitzen und dein Freund / deine Freundin auf dem nächsten.

2) Salikon

Astrids Bruder Gunnar erzählt: „Einmal saß ich am Schreibtisch und malte mit bunten Stiften ein Papier aus, das ich vorher kariert hatte. „Was malst du?“, fragte Astrid. „Ein Salikon“, antwortete ich. „Aha“, sagte Astrid und verstand sofort, welch ein sonderbares Ding eigentlich ein Salikon war. Es wurde zum geheimnisvollen Papier, zum Trollpapier, das die wundersamsten Eigenschaften hatte. Wir hatten viel Freude mit dem Papier und spielten lange und viele Male damit. Neulich fand ich es beim Stöbern.“

Male ein solches Salikon, wie du es dir vorstellst, in dein Heft.

3) Sachensucher

Gunnar war zudem der erste Sachensucher der Welt! Mit offenen Augen streifte er durch das Haus, den Garten und die Umgebung. Hier konnte man viele Sachen entdecken, die weggeworfen waren oder unnütz herumlagen. Daraus machten Gunnar und Astrid neue Dinge.

Auch du kannst Sachensucher sein! Ich bin gespannt, welche Sachen du findest und was du mit deiner großen Fantasie daraus machst!

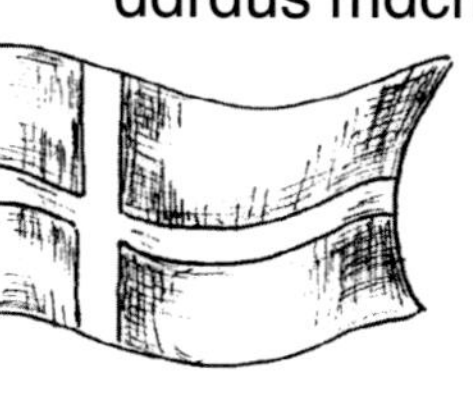

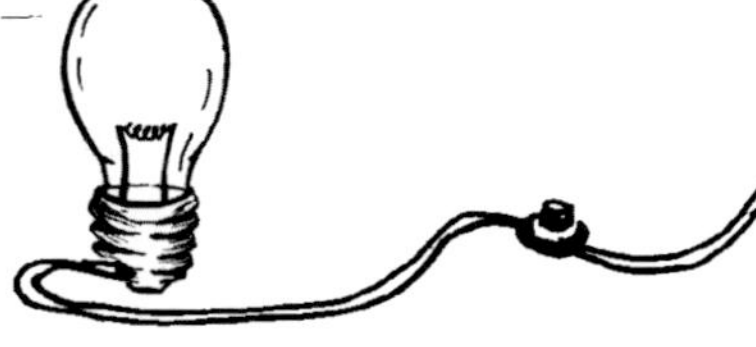

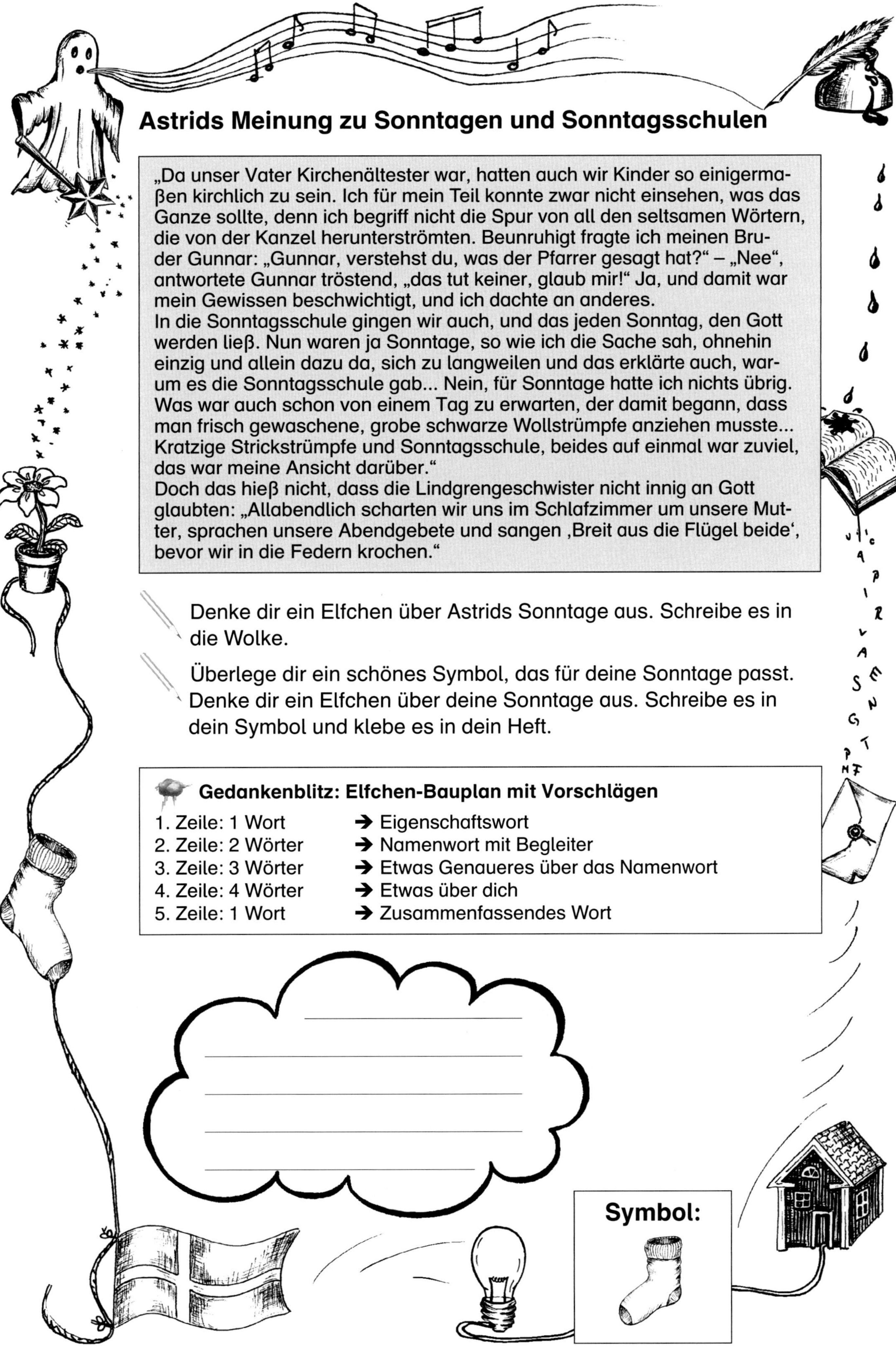

Astrids Meinung zu Sonntagen und Sonntagsschulen

„Da unser Vater Kirchenältester war, hatten auch wir Kinder so einigermaßen kirchlich zu sein. Ich für mein Teil konnte zwar nicht einsehen, was das Ganze sollte, denn ich begriff nicht die Spur von all den seltsamen Wörtern, die von der Kanzel herunterströmten. Beunruhigt fragte ich meinen Bruder Gunnar: „Gunnar, verstehst du, was der Pfarrer gesagt hat?“ – „Nee“, antwortete Gunnar tröstend, „das tut keiner, glaub mir!“ Ja, und damit war mein Gewissen beschwichtigt, und ich dachte an anderes.
In die Sonntagsschule gingen wir auch, und das jeden Sonntag, den Gott werden ließ. Nun waren ja Sonntage, so wie ich die Sache sah, ohnehin einzig und allein dazu da, sich zu langweilen und das erklärte auch, warum es die Sonntagsschule gab... Nein, für Sonntage hatte ich nichts übrig. Was war auch schon von einem Tag zu erwarten, der damit begann, dass man frisch gewaschene, grobe schwarze Wollstrümpfe anziehen musste... Kratzige Strickstrümpfe und Sonntagsschule, beides auf einmal war zuviel, das war meine Ansicht darüber.“
Doch das hieß nicht, dass die Lindgrengeschwister nicht innig an Gott glaubten: „Allabendlich scharten wir uns im Schlafzimmer um unsere Mutter, sprachen unsere Abendgebete und sangen ‚Breit aus die Flügel beide‘, bevor wir in die Federn krochen.“

Denke dir ein Elfchen über Astrids Sonntage aus. Schreibe es in die Wolke.

Überlege dir ein schönes Symbol, das für deine Sonntage passt. Denke dir ein Elfchen über deine Sonntage aus. Schreibe es in dein Symbol und klebe es in dein Heft.

Gedankenblitz: Elfchen-Bauplan mit Vorschlägen

1. Zeile: 1 Wort ➔ Eigenschaftswort
2. Zeile: 2 Wörter ➔ Namenwort mit Begleiter
3. Zeile: 3 Wörter ➔ Etwas Genaueres über das Namenwort
4. Zeile: 4 Wörter ➔ Etwas über dich
5. Zeile: 1 Wort ➔ Zusammenfassendes Wort

Symbol:

Die Fee in Kristins Küche

„Kristin war mit unserem Kuhknecht verheiratet, und was wichtiger war, sie war Edits Mama. Diese Edit – gesegnet sei sie jetzt und alle Zeit – las mir das Märchen vom Riesen Bam-Bam und der Fee Veribunda vor und versetzte meine Kinderseele dadurch in Schwingungen, die bis heute noch nicht ganz abgeklungen sind. In einer seit Langem verschwundenen, armseligen kleinen Häuslerhütte geschah dieses Wunder und seit jenem Tage gibt es für mich in der Welt keine andere Küche. – Wir saßen auf dem Fußboden, mein Bruder und ich, und hörten, wie sie das wunderbare Märchen vom Riesen Bam-Bam und der Fee Veribunda vorlas. Dass man nicht auf der Stelle gestorben ist! In diesem Moment wurde der Lesehunger in mir geboren, und mit der gesamten Ungeduld einer Vierjährigen starrte ich auf diese merkwürdigen, schwarzen Krummeluren, die Edit deuten konnte, aber ich nicht und die durch einen eigentümlichen Zauber plötzlich die ganze Küche mit Feen, Riesen und Hexen bevölkern konnten. Von jenem Tage an hatte Edit keine Ruhe mehr vor meinem Bruder und mir. Sie musste uns bis zur Verzweiflung vom Riesen Bam-Bam vorlesen und immer neue Märchenbücher besorgen, denn unser gerade erwachter Hunger war unersättlich.“ [...]

Astrid Lindgren war ganz begeistert von den Geschichten, die Edit ihr vorlas. Das Märchen vom Riesen Bam-Bam und der Fee Veribunda ist ihr besonders in Erinnerung geblieben.

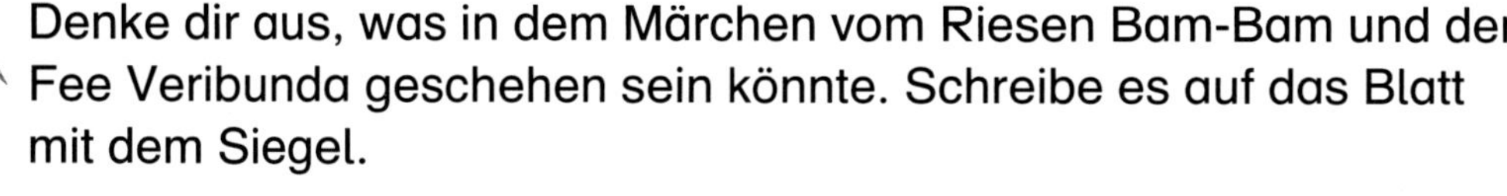

Denke dir aus, was in dem Märchen vom Riesen Bam-Bam und der Fee Veribunda geschehen sein könnte. Schreibe es auf das Blatt mit dem Siegel.

Gedankenblitz (nur für die, denen nichts einfällt)
Prinz – gefangen vom Riesen Bam-Bam – Zauberflöte – Fee Veribunda

Wortklärung:

Häusler
Häusler waren Arbeiter auf den Bauernhöfen, die in einer winzigen Hütte nahe des Hofes lebten.

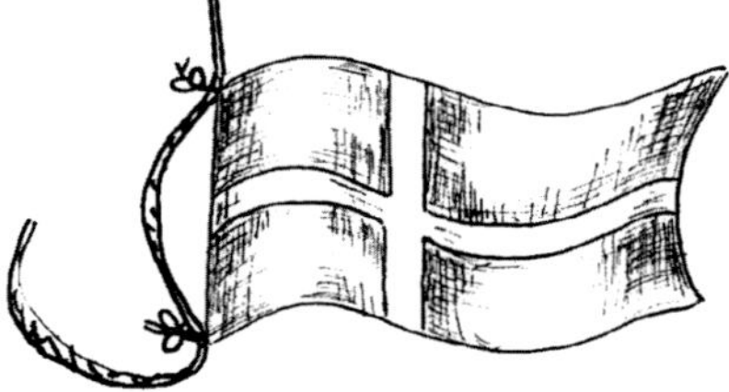

Astrid erfindet Wörter

Dich wundert es sicher nicht, wenn ich dir erzähle, dass Astrid Lindgren Wörter mochte. Sie spielte gerne mit der Sprache und hat auch selbst Wörter erfunden.
Hier findest du einige davon. Kannst du dir vorstellen, was sich dahinter verstecken könnte?
Tipp: Wenn du es nicht mit Worten beschreiben kannst, darfst du auch malen.

Erfundene Wörter	Deine Vermutung
Großmummerich	
Krummeluren	
Spunk	

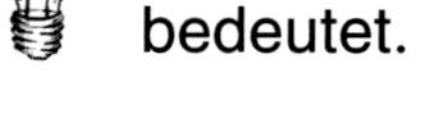

Klebe Astrids Lösung in dein Heft und vergleiche.

Erfinde selbst ein Wort! Lass deinen Banknachbarn raten, was es bedeutet.

Symbol:

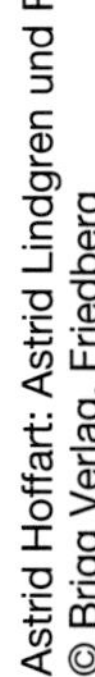

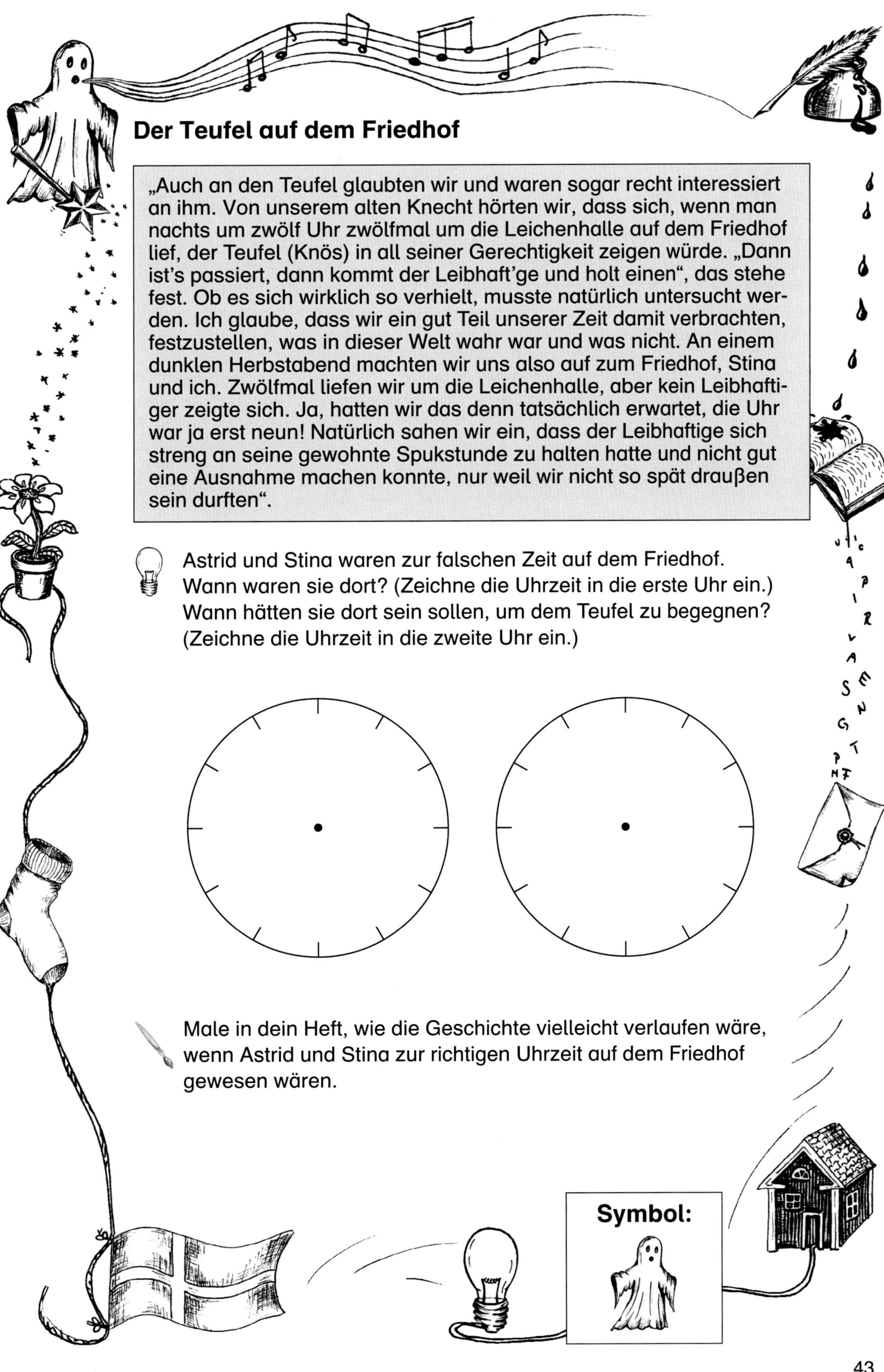

Der Teufel auf dem Friedhof

„Auch an den Teufel glaubten wir und waren sogar recht interessiert an ihm. Von unserem alten Knecht hörten wir, dass sich, wenn man nachts um zwölf Uhr zwölfmal um die Leichenhalle auf dem Friedhof lief, der Teufel (Knös) in all seiner Gerechtigkeit zeigen würde. „Dann ist's passiert, dann kommt der Leibhaft'ge und holt einen", das stehe fest. Ob es sich wirklich so verhielt, musste natürlich untersucht werden. Ich glaube, dass wir ein gut Teil unserer Zeit damit verbrachten, festzustellen, was in dieser Welt wahr war und was nicht. An einem dunklen Herbstabend machten wir uns also auf zum Friedhof, Stina und ich. Zwölfmal liefen wir um die Leichenhalle, aber kein Leibhaftiger zeigte sich. Ja, hatten wir das denn tatsächlich erwartet, die Uhr war ja erst neun! Natürlich sahen wir ein, dass der Leibhaftige sich streng an seine gewohnte Spukstunde zu halten hatte und nicht gut eine Ausnahme machen konnte, nur weil wir nicht so spät draußen sein durften".

Astrid und Stina waren zur falschen Zeit auf dem Friedhof.
Wann waren sie dort? (Zeichne die Uhrzeit in die erste Uhr ein.)
Wann hätten sie dort sein sollen, um dem Teufel zu begegnen?
(Zeichne die Uhrzeit in die zweite Uhr ein.)

Male in dein Heft, wie die Geschichte vielleicht verlaufen wäre, wenn Astrid und Stina zur richtigen Uhrzeit auf dem Friedhof gewesen wären.

Astrids beste Freundin Madita

Mit sieben Jahren begegnete Astrid ihrer zukünftigen besten Freundin – einfach so auf der Pfarrallee. Plötzlich lief sie da. Astrid hatte sie nie zuvor gesehen.
„Wo wohnst du?", fragte sie das unbekannte Mädchen neugierig.
„In der Villa!", antwortete diese ganz selbstverständlich.
Es stellte sich heraus, dass das Mädchen Anne-Marie hieß und mit ihrem Vater, dem Bankdirektor, und ihrer Familie in die wunderschöne Villa eingezogen war. Die beiden Mädchen mochten sich auf Anhieb und spielten fast täglich miteinander. Aber nicht nur mit dem hübschen Puppenhaus. Nein, wo denkst du hin! Am liebsten kletterten die Mädchen auf Bäume und Hausdächer. Astrid lernte von Madita, wie ihre Freundin gerufen wurde, wie man sich prügelte, denn diese war sehr mutig und stark. Auch hörte man sie oft mit Indianerrufen auf dem Hof herumfegen. Maditas indianischer Name war dann „Starker Arm" und Astrids „Schneller Hirsch".
Leider durften sie nicht die gleiche Klasse besuchen, da Madita einige Monate älter war und so ein Jahr eher eingeschult wurde. Das tat aber ihrer Freundschaft keinen Abbruch.
Die beiden schlossen Blutsbrüderschaft, indem sie ihr Blut vermischten und sich ewige Freundschaft schworen. Sie wollten sich „nie anlügen, nie im Stich lassen und nie hintergehen."
Ihre Freundschaft hielt tatsächlich ein Leben lang.

Sicher hast du auch eine beste Freundin oder einen besten Freund. Seit wann kennt ihr euch? Was spielt ihr am liebsten? Seid ihr in einer Klasse?

Verfasse einen Steckbrief von deiner Freundin / deinem Freund.
Lass den Namen der Freundin / des Freundes aber weg.
Die Steckbriefe werden dann an eine Wand gehängt und jeder muss herausfinden, wer sich hinter welchem Steckbrief verbirgt.

Symbol:

Maditas Zuhause

Madita

Steckbrief

Kreise das Richtige ein: ☐ Junge ☐ Mädchen

Hier habe ich dich kennengelernt:

____

____

So haben wir uns angefreundet:

____

____

Das spiele ich am liebsten mit dir:

____

____

Das ist/sind dein(-e) Hobby(-s):

____

____

Das ist dein Lieblingsessen:

____

____

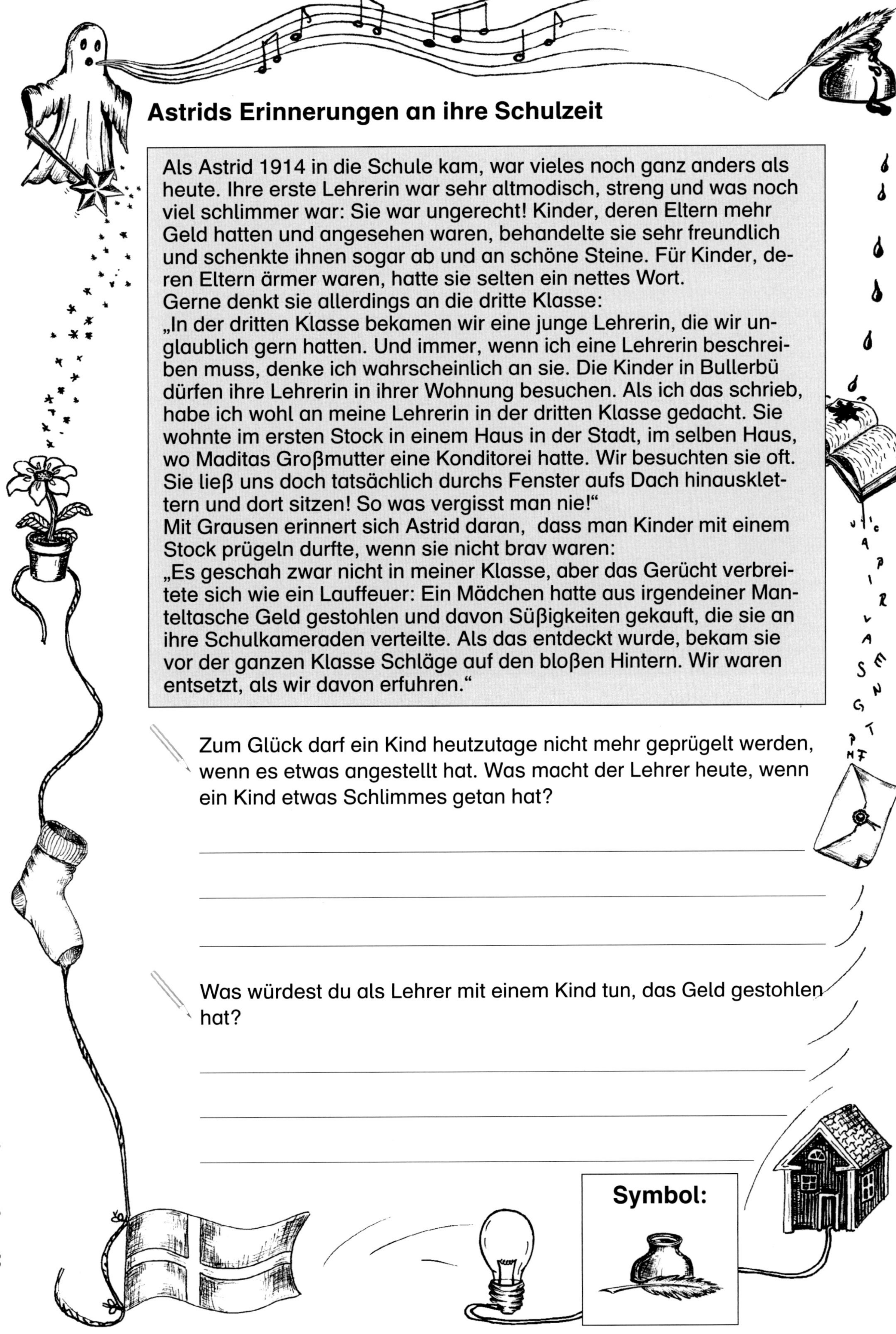

Astrids Erinnerungen an ihre Schulzeit

Als Astrid 1914 in die Schule kam, war vieles noch ganz anders als heute. Ihre erste Lehrerin war sehr altmodisch, streng und was noch viel schlimmer war: Sie war ungerecht! Kinder, deren Eltern mehr Geld hatten und angesehen waren, behandelte sie sehr freundlich und schenkte ihnen sogar ab und an schöne Steine. Für Kinder, deren Eltern ärmer waren, hatte sie selten ein nettes Wort.
Gerne denkt sie allerdings an die dritte Klasse:
„In der dritten Klasse bekamen wir eine junge Lehrerin, die wir unglaublich gern hatten. Und immer, wenn ich eine Lehrerin beschreiben muss, denke ich wahrscheinlich an sie. Die Kinder in Bullerbü dürfen ihre Lehrerin in ihrer Wohnung besuchen. Als ich das schrieb, habe ich wohl an meine Lehrerin in der dritten Klasse gedacht. Sie wohnte im ersten Stock in einem Haus in der Stadt, im selben Haus, wo Maditas Großmutter eine Konditorei hatte. Wir besuchten sie oft. Sie ließ uns doch tatsächlich durchs Fenster aufs Dach hinausklettern und dort sitzen! So was vergisst man nie!"
Mit Grausen erinnert sich Astrid daran, dass man Kinder mit einem Stock prügeln durfte, wenn sie nicht brav waren:
„Es geschah zwar nicht in meiner Klasse, aber das Gerücht verbreitete sich wie ein Lauffeuer: Ein Mädchen hatte aus irgendeiner Manteltasche Geld gestohlen und davon Süßigkeiten gekauft, die sie an ihre Schulkameraden verteilte. Als das entdeckt wurde, bekam sie vor der ganzen Klasse Schläge auf den bloßen Hintern. Wir waren entsetzt, als wir davon erfuhren."

Zum Glück darf ein Kind heutzutage nicht mehr geprügelt werden, wenn es etwas angestellt hat. Was macht der Lehrer heute, wenn ein Kind etwas Schlimmes getan hat?

____

____

____

Was würdest du als Lehrer mit einem Kind tun, das Geld gestohlen hat?

____

____

____

Symbol:

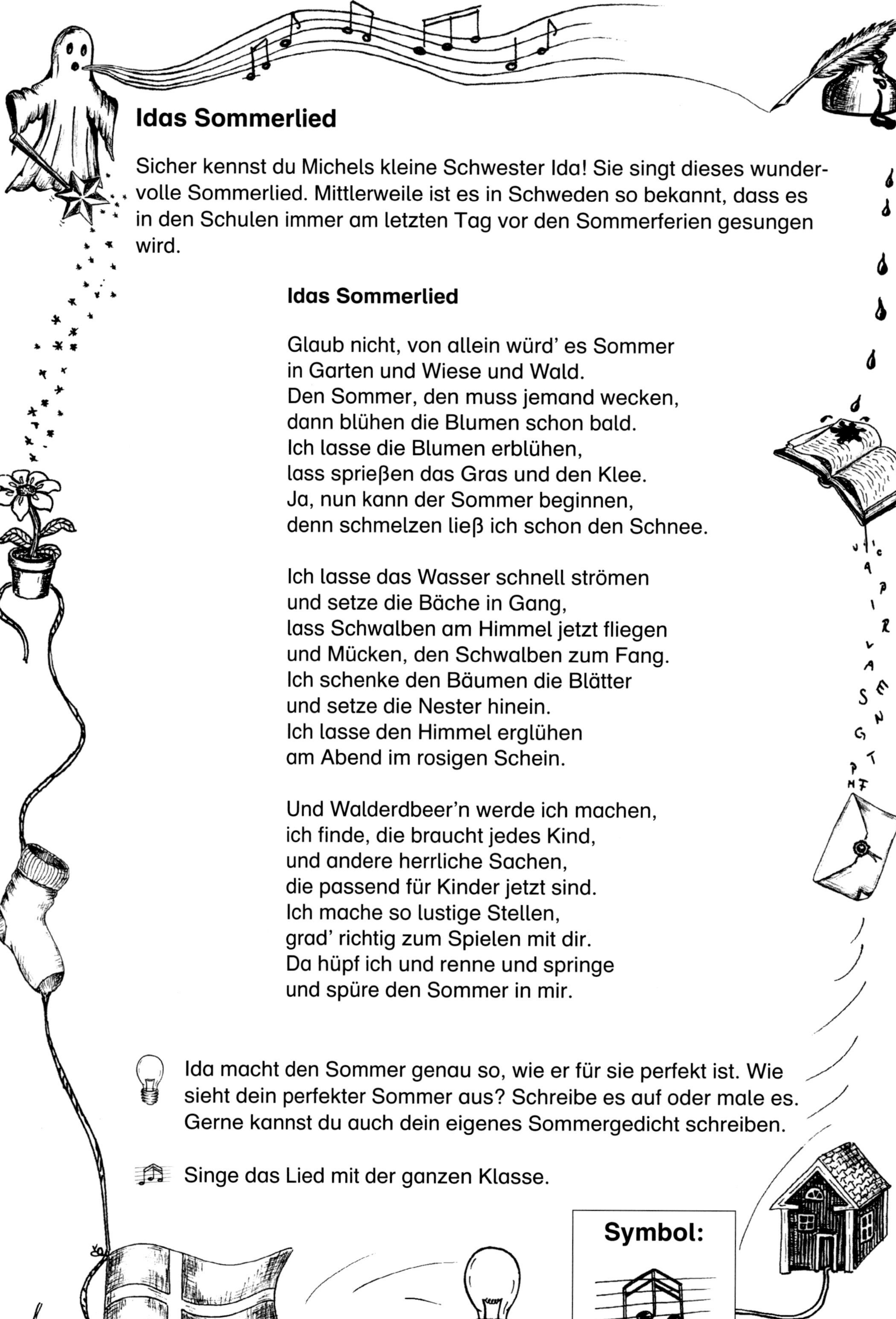

Idas Sommerlied

Sicher kennst du Michels kleine Schwester Ida! Sie singt dieses wundervolle Sommerlied. Mittlerweile ist es in Schweden so bekannt, dass es in den Schulen immer am letzten Tag vor den Sommerferien gesungen wird.

Idas Sommerlied

Glaub nicht, von allein würd' es Sommer
in Garten und Wiese und Wald.
Den Sommer, den muss jemand wecken,
dann blühen die Blumen schon bald.
Ich lasse die Blumen erblühen,
lass sprießen das Gras und den Klee.
Ja, nun kann der Sommer beginnen,
denn schmelzen ließ ich schon den Schnee.

Ich lasse das Wasser schnell strömen
und setze die Bäche in Gang,
lass Schwalben am Himmel jetzt fliegen
und Mücken, den Schwalben zum Fang.
Ich schenke den Bäumen die Blätter
und setze die Nester hinein.
Ich lasse den Himmel erglühen
am Abend im rosigen Schein.

Und Walderdbeer'n werde ich machen,
ich finde, die braucht jedes Kind,
und andere herrliche Sachen,
die passend für Kinder jetzt sind.
Ich mache so lustige Stellen,
grad' richtig zum Spielen mit dir.
Da hüpf ich und renne und springe
und spüre den Sommer in mir.

Ida macht den Sommer genau so, wie er für sie perfekt ist. Wie sieht dein perfekter Sommer aus? Schreibe es auf oder male es. Gerne kannst du auch dein eigenes Sommergedicht schreiben.

Singe das Lied mit der ganzen Klasse.

Lösungen

Lösung zu „Kleiner Schwedenführer“, S. 27 f.

Lösung zu „Schwedische und deutsche Titel der Lindgren-Bücher“, S. 29

Deutsche Titel	Schwedische Titel
Ronja Räubertochter	Ronja rövardotter
Die Brüder Löwenherz	Bröderna Lejonhjärta
Die Kinder aus Bullerbü	Bullerbyboken
Pippi Langstrumpf	Pippi Långstrump
Karlsson vom Dach	Lillebror och Karlsson på taket
Ferien auf Saltkrokan	Vi på Saltkråkan
Michel aus Lönneberga	Emil i Lönneberga
Kalle Blomquist, der Meisterdetektiv	Mästerdetektiven Blomkvist

Lösung zu „Schwedische und deutsche Textstellen aus Lindgren-Büchern“, S. 30

Blod! Inget tvivel om den saken! Han stirrade på den röda fläcken genom förstoringsglaset. Sedan flyttade han pipan över till andra mungipan och suckade.	Blut! Daran gab's keinen Zweifel! Er starrte durch das Vergrößerungsglas auf den roten Fleck. Dann schob er die Pfeife in den anderen Mundwinkel und seufzte.
Om allt detta visste Ronja inget än, hon var för liten. Inte förstod hon då att hennes far var en fruktad rövarhövding. För henne var han bara den där skäggiga snälla Mattis som skrattade och sjöng och skrek och gav henne välling, honom tyckte hon om.	Von all dem wusste Ronja nichts, dazu war sie noch zu klein. Sie ahnte nicht, dass ihr Vater ein gefürchteter Räuberhauptmann war. Für sie war er nur der bärtige, gutmütige Mattis, der lachte und sang und schrie und sie mit Brei fütterte. Ihn hatte sie lieb.
Det finns bara en i hela huset som är ovanlig, och det är Karlsson på taket. Han bor uppe på taket, Karlsson, och redan det är ju ganska ovanligt.	Außergewöhnlich in diesem Haus ist nur einer, und das ist Karlsson vom Dach. Er wohnt oben auf dem Dach, der Karlsson, und schon das ist ja etwas Außergewöhnliches.
Hon vill så gärna vara snäll och lydig, därför är det synd att det ibland inte vill lyckas. "Den ungen får sina infall lika fort som en gris blinkar!, säjer Linus-Ida, och det är sant.	Sie möchte so gerne lieb und brav sein, und es ist ein Jammer, dass es ihr nicht immer glücken will. „Diesem Kind kommen die Einfälle so rasch wie'n Ferkel blinzelt“, sagt Linus-Ida. Und das stimmt.

Lösung zu „Näs – Astrids Elternhaus", S. 31 ff.

Der Vater Samuel August leitete den Bauernhof und war häufig mit den Knechten auf dem Feld. Er war ein ausgezeichneter Bauer und zudem sehr kinderlieb. In dem kleinen roten Haus hatte Mutter Hanna alles fest im Griff. Sie führte den Haushalt mit wachen Augen. Es entging ihr zum Beispiel auch nicht, wenn eine Magd zu viele Zuckerstückchen für die Arbeiter auf dem Feld einpackte. Dies hieß auch für die vier Geschwister, dass sie mit anpacken mussten, und zwar ohne Murren und Knurren. Astrid und Gunnar, die beiden ältesten, mussten bald die Rüben verziehen und Brennnesseln als Futter für die Hühner rupfen. Stina und Ingegerd waren vorerst noch zu klein.	
Der Hof wuchs und wuchs, sodass der Vater bald ein neues, gelbes Haus bauen ließ, in das die Familie umzog. Die Eltern hatten also immer alle Hände voll zu tun, sodass die Kinder viel, viel unbeaufsichtigt spielen durften. Astrid sagt einmal: „Es ist ein Wunder, dass wir uns nicht zu Tode gespielt haben."	
Eine ihrer Lieblingsbeschäftigungen war es, auf dem Heuboden herumzutoben. Hier erzählt euch Gunnar: „Im Heu zu toben war eine Wonne. Im Nachhinein verwundert es mich vor allem, dass wir überlebten, weil wir manchmal vom obersten Dachbalken sprangen, und das war eine Sprunghöhe von acht Metern! So viel ich weiß, hat sich aber niemand jemals verletzt. Es gibt ja, wie man sagt, Schutzengel."	
Am Hof stand auch eine uralte Ulme, die innen hohl war. Diesen Baum nannten die Kinder „Eulenbaum", weil darin Eulen brüteten. Eines Tages nahm Gunnar ein Eulenei heraus und legte ein Hühnerei hinein. Und siehe da, nach 21 Tagen schlüpfte in dem Eulennest ein Küken.	

Lösung zu „Spiele auf Näs I", S. 35 ff.

3	Vom Bett hüpfe ich auf den Wäschekorb.
1	Ich klettere auf den Schreibtisch.
2	Vom Schreibtisch hüpfe ich auf das Bett.
4	Vom Wäschekorb klettere ich auf den Ofen.
5	Vom Ofen steige ich auf die kleine Kommode.
7	Vom Sofa schwinge ich mit der nächsten Tür zur Spiegelkommode.
6	Von der kleinen Kommode schwinge ich mit der Tür zum Sofa.
8	Von der Spiegelkommode hüpfe ich wieder auf den Schreibtisch.

Lösung zu „Spiele auf Näs II“, S. 38

So sieht das echte Salikon aus:

Lösung zu „Astrid erfindet Wörter“, S. 42

Erfundene Wörter	Astrids Bedeutung
Groβmummerich Buch: Kalle Blomquist lebt gefährlich	Der Groβmummerich ist ein ganz unscheinbarer Stein. „Mit etwas gutem Willen konnte man sich einbilden, dass der Stein wie ein nachdenklicher, kleiner Mann geformt war, der ... dasaβ und seinen Nabel betrachtete ... (Die Bande der) Roten Rosen hatte ihn zu ihrem Talismann erklärt und schrieben ihm eine Reihe auβerordentlicher Eigenschaften zu.“ Die Weiβen Rosen versuchen immer wieder, ihn der Roten Rose zu stehlen.
Krummeluren Buch: Das entschwundene Land	Krummeluren sind die Buchstaben für ein Kind, das noch nicht lesen kann.
Spunk Buch: Pippi in Taka-Tuka-Land	Pippi Langstrumpf erfindet dieses Wort: „Ein wunderschönes Wort. Eins der besten, die ich je gehört habe!“ Aber leider weiβ Pippi selbst nicht, was dieses Wort bedeutet. Nur eins weiβ sie: „Das einzige, was ich weiβ, ist, dass es nicht Staubsauger bedeutet.“

Lösung zu „Der Teufel auf dem Friedhof“, S. 43

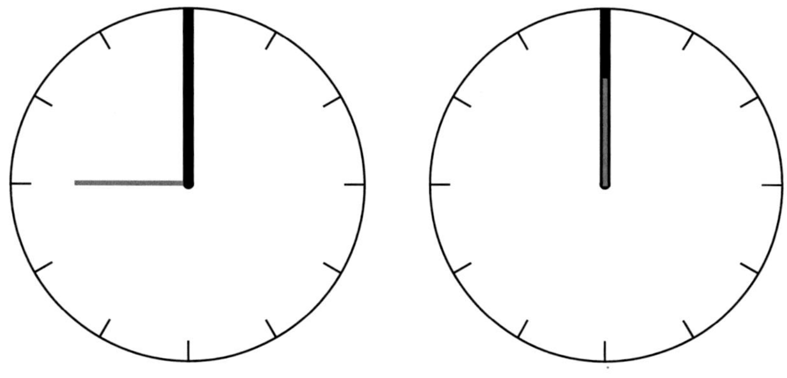

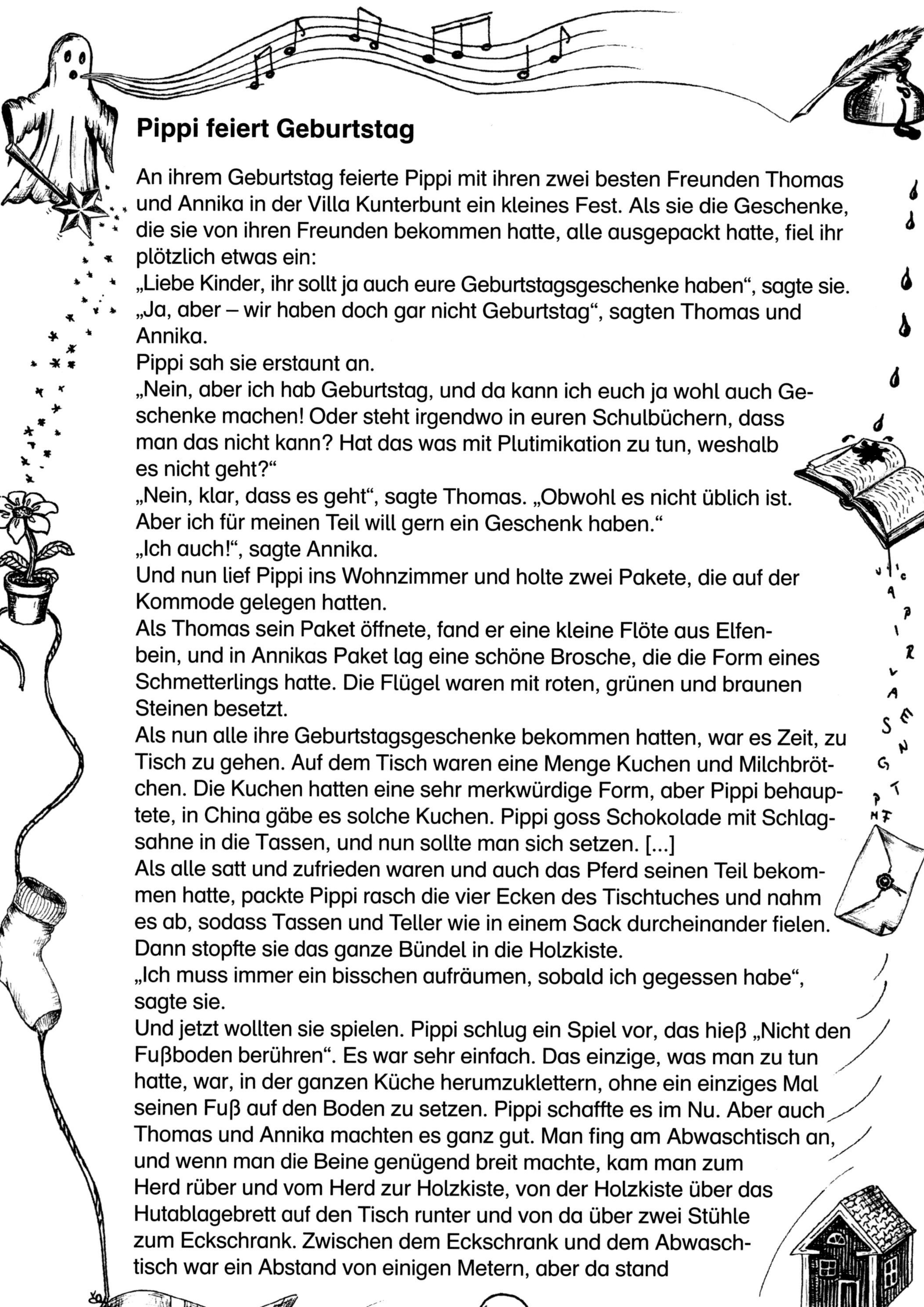

Pippi feiert Geburtstag

An ihrem Geburtstag feierte Pippi mit ihren zwei besten Freunden Thomas und Annika in der Villa Kunterbunt ein kleines Fest. Als sie die Geschenke, die sie von ihren Freunden bekommen hatte, alle ausgepackt hatte, fiel ihr plötzlich etwas ein:
„Liebe Kinder, ihr sollt ja auch eure Geburtstagsgeschenke haben“, sagte sie.
„Ja, aber – wir haben doch gar nicht Geburtstag“, sagten Thomas und Annika.
Pippi sah sie erstaunt an.
„Nein, aber ich hab Geburtstag, und da kann ich euch ja wohl auch Geschenke machen! Oder steht irgendwo in euren Schulbüchern, dass man das nicht kann? Hat das was mit Plutimikation zu tun, weshalb es nicht geht?“
„Nein, klar, dass es geht“, sagte Thomas. „Obwohl es nicht üblich ist. Aber ich für meinen Teil will gern ein Geschenk haben.“
„Ich auch!“, sagte Annika.
Und nun lief Pippi ins Wohnzimmer und holte zwei Pakete, die auf der Kommode gelegen hatten.
Als Thomas sein Paket öffnete, fand er eine kleine Flöte aus Elfenbein, und in Annikas Paket lag eine schöne Brosche, die die Form eines Schmetterlings hatte. Die Flügel waren mit roten, grünen und braunen Steinen besetzt.
Als nun alle ihre Geburtstagsgeschenke bekommen hatten, war es Zeit, zu Tisch zu gehen. Auf dem Tisch waren eine Menge Kuchen und Milchbrötchen. Die Kuchen hatten eine sehr merkwürdige Form, aber Pippi behauptete, in China gäbe es solche Kuchen. Pippi goss Schokolade mit Schlagsahne in die Tassen, und nun sollte man sich setzen. […]
Als alle satt und zufrieden waren und auch das Pferd seinen Teil bekommen hatte, packte Pippi rasch die vier Ecken des Tischtuches und nahm es ab, sodass Tassen und Teller wie in einem Sack durcheinander fielen. Dann stopfte sie das ganze Bündel in die Holzkiste.
„Ich muss immer ein bisschen aufräumen, sobald ich gegessen habe“, sagte sie.
Und jetzt wollten sie spielen. Pippi schlug ein Spiel vor, das hieß „Nicht den Fußboden berühren“. Es war sehr einfach. Das einzige, was man zu tun hatte, war, in der ganzen Küche herumzuklettern, ohne ein einziges Mal seinen Fuß auf den Boden zu setzen. Pippi schaffte es im Nu. Aber auch Thomas und Annika machten es ganz gut. Man fing am Abwaschtisch an, und wenn man die Beine genügend breit machte, kam man zum Herd rüber und vom Herd zur Holzkiste, von der Holzkiste über das Hutablagebrett auf den Tisch runter und von da über zwei Stühle zum Eckschrank. Zwischen dem Eckschrank und dem Abwaschtisch war ein Abstand von einigen Metern, aber da stand

glücklicherweise das Pferd und wenn man am Schwanzende hinaufkletterte und am Kopfende hinunterrutschte und sich dann im richtigen Augenblick einen Schwung gab, landete man direkt auf dem Abwaschtisch. Nachdem sie eine Weile so gespielt hatten und Annikas Kleid nicht mehr ihr nächstbestes, sondern ihr nur noch nächst-nächst-nächstbestes war und Thomas so schwarz wie ein Schornsteinfeger aussah, beschlossen sie, etwas anderes zu spielen.

1) An welche Station aus Astrids Kindheit erinnert diese Geschichte? Klebe das passende Symbol in das Viereck.

Madita schreit: „Nein!“

Mia, ein kleines rothaariges Mädchen aus Maditas Klasse ist sehr arm. Damit sie sich auch einmal etwas Schönes kaufen und anderen davon etwas abgeben kann, stiehlt sie das Portemonnaie (= Geldbeutel) des Rektors. Damit kauft sie Süßigkeiten und Albumbildchen, die sie an andere verschenkt. Der Rektor kommt dahinter und stellt sie nun zur Rede:

„Sieh mich an, Mia“, wettert er, „und gib zu, dass es so ist!“
„Jaa“, flüstert Mia, guckt dabei aber nicht ihn an, sondern aus dem Fenster. [...]
Der Rektor ist noch lange nicht zufrieden. Erst muss Mia noch um Verzeihung bitten und dann muss sie dafür Prügel beziehen, damit ihr das Stehlen ausgetrieben und sie nicht für alle Zukunft eine Diebin wird. „Und dafür wirst du mir noch eines Tages dankbar sein“, sagt der Rektor. Die ganze Klasse soll dabei zugucken, sagt er, damit alle sehen, wie es dem ergeht, der stiehlt.
„Das soll euch eine Lehre sein“, meint er.
Kreidebleich im Gesicht sitzt Madita auf ihrer Bank und ebenso kreidebleich sitzt die Lehrerin hinter ihrem Katheder (= Pult). Sie versucht, dem Rektor etwas zu sagen, aber er hat jetzt keine Zeit für sie. Denn jetzt geht er seinen Rohrstock holen.
Während der wenigen Augenblicke, die er fort ist, geht die Lehrerin zu Mia und nimmt sie in die Arme.
„Liebe Mia, bitte ihn doch um Himmels willen um Verzeihung, dann kommst du vielleicht um die Prügel herum.“
Mia steht mit niedergeschlagenen Augen da.
„Krieg ich dann meinen Engel zurück?“, fragt sie leise.
Das Engelsbild und das Foto liegen auf dem Katheder. Die Lehrerin holt beide und steckt sie Mia rasch in die Schürzentasche.
Da endlich sieht Mia die Lehrerin an und in ihrem Blick liegt etwas, was Madita zum Weinen bringt.
Jetzt kommt der Rektor mit seinem Rohrstock zurück und da weint nicht nur Madita, sondern fast die ganze Klasse.
Aber Mia nicht. Kerzengerade steht sie dort am Katheder in ihrem ausgewaschenen Kleid, ihrer schmutzigen Schürze und den schwarzen Strümpfen, die Löcher in den Knien haben. Und sie guckt zum Fenster hinaus, so als ginge sie das Ganze gar nichts an.
„Na, Mia? Willst du jetzt um Verzeihung bitten?“, fragt der Rektor.
„Du kannst es vorher tun oder hinterher, wie du willst. Entscheide es selbst.“ Doch Mia entscheidet gar nichts. Sie schweigt so lange, bis er vor Wut rasend wird.
„Bück dich!“, brüllt er. Mia bückt sich gehorsam und dasaust der Rohrstock pfeifend runter und trifft ihr mageres Hinterteil mit

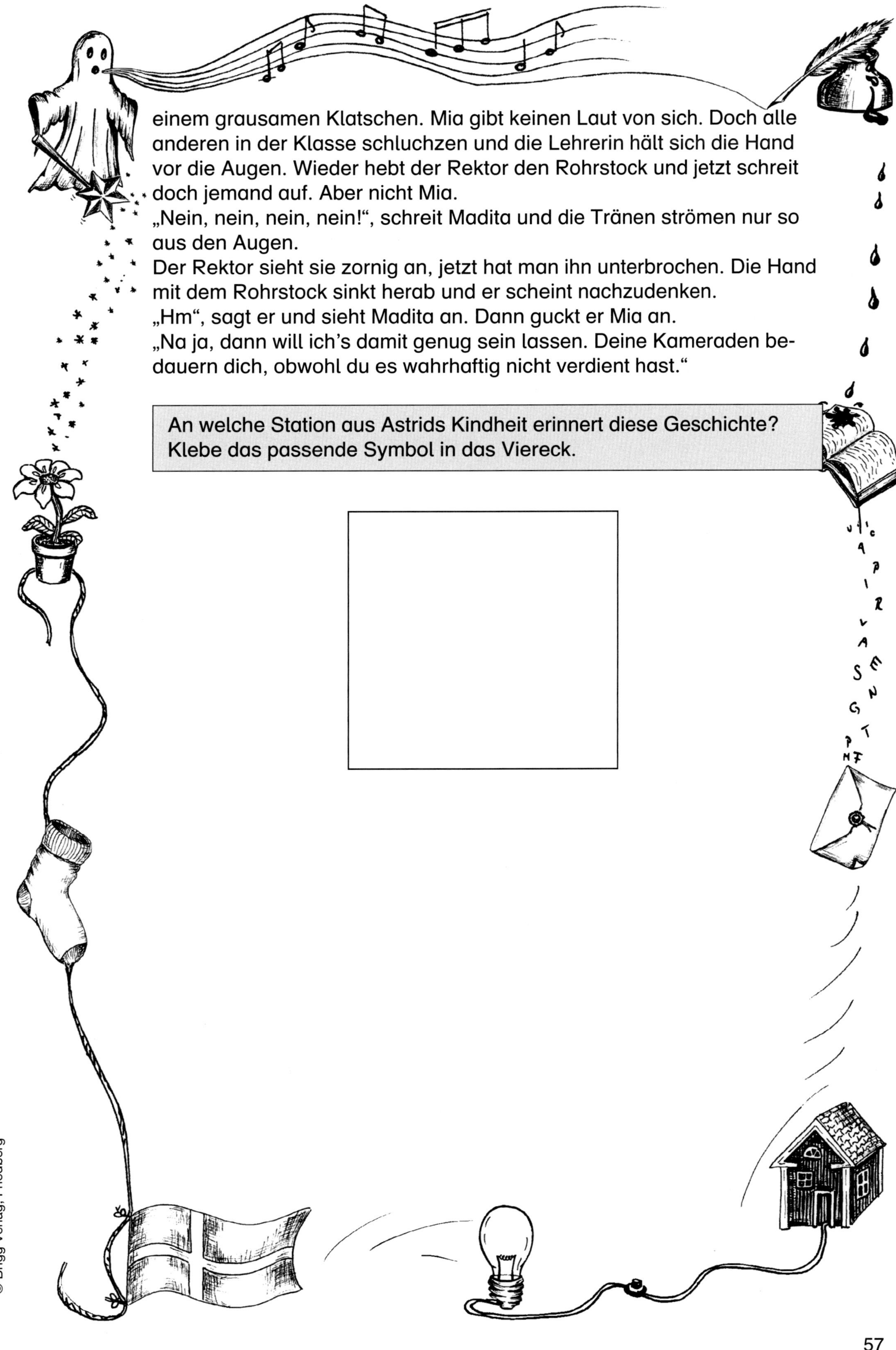

einem grausamen Klatschen. Mia gibt keinen Laut von sich. Doch alle anderen in der Klasse schluchzen und die Lehrerin hält sich die Hand vor die Augen. Wieder hebt der Rektor den Rohrstock und jetzt schreit doch jemand auf. Aber nicht Mia.

„Nein, nein, nein, nein!“, schreit Madita und die Tränen strömen nur so aus den Augen.

Der Rektor sieht sie zornig an, jetzt hat man ihn unterbrochen. Die Hand mit dem Rohrstock sinkt herab und er scheint nachzudenken.

„Hm“, sagt er und sieht Madita an. Dann guckt er Mia an.

„Na ja, dann will ich's damit genug sein lassen. Deine Kameraden bedauern dich, obwohl du es wahrhaftig nicht verdient hast.“

An welche Station aus Astrids Kindheit erinnert diese Geschichte? Klebe das passende Symbol in das Viereck.

Madita übt Fliegen

Eines Tages sitzt Madita mit ihrer kleinen Schwester Lisabet auf dem Schuppendach, macht ein Picknick und genießt die Aussicht, die man vom Dach aus hat. Da entdeckt Madita einen Vogel, der hoch, hoch oben im Blauen schwebt:
„Stell dir mal vor, was der erst für eine Aussicht hat“, sagt Madita. „Ach, ich möchte auch fliegen können!“
„Menschen können nicht fliegen“, sagt Lisabet.
„Doch, in Flugzeugen“, sagt Madita. […]
Lisabet findet die Sache mit den Flugzeugen schon recht staunenswert, aber schließlich gibt es noch andere, die fliegen können.
„Du, Madita“, sagt sie, „aber der Sandmann, der kann sogar mit einem Regenschirm fliegen.“
Darüber rümpft Madita nur die Nase.
„Ach, du bist ja dumm, Lisabet.“
Aber dann fängt Madita an, darüber nachzugrübeln. Abbe hat ihr erzählt, dass mal einer mit einem großen Schirm aus einem Flugzeug gesprungen ist.
Madita ist natürlich völlig klar, dass man mit einem Schirm nicht hierhin und dorthin fliegen kann wie das Sandmännchen, aber wenn man aus einem Flugzeug zur Erde kommen will, dann scheint es gut damit zu gehen.
Oder auch ... wenn man von einer anderen hohen Stelle herunter will! Madita überlegt. Das Schuppendach ist eine hohe Stelle.
„Ich glaub, ich versuch’s mal“, sagt Madita.
„Was denn?“, fragt Lisabet.
„Mit einem Regenschirm“, sagt Madita.
Als Lisabet erfährt, was sich Madita ausgedacht hat, lacht sie so sehr, dass es in ihr gluckst.
„Du bist bestimmt verdreht, Madita“, sagt sie. „Spielen wir jetzt, dass du das Sandmännchen bist?“
„Nee, denk mal an, das spielen wir gar nicht“, sagt Madita. „Sei nicht so albern. Ich will doch so tun, als ob ich aus einem Flugzeug springe, verstanden?“
„Du bist bestimmt verdreht, Madita“, wiederholt Lisabet.
Aber jetzt hieß es, Papas großen Regenschirm aus dem Schirmständer im Flur stibitzen, ohne dass Alva etwas merkt. Ob nämlich Alva Verständnis für das Fliegen mit dem Regenschirm hat, ist nicht so sicher. Am Ende macht sie ein großes Gezeter, nur weil sie nie was davon gehört hat, dass man mit einem Schirm fliegen kann. […]
Madita kommt mit dem Regenschirm zurück.
Überall ist es so still. Man könnte wirklich glauben, auf ganz Birkenlund gäbe es keine Menschenseele. Und dabei soll hier die allererstaunlichste Fliegerei stattfinden und weit und breit ist keiner da, der zugucken kann. Keiner außer Lisabet. […]
Also wird nur Lisabet es miterleben, wenn Madita jetzt fliegt. Nur Lisabet sieht, wie Madita ganz vorn auf der Dachkante steht und den großen schwarzen Regenschirm aufspannt. Nur Lisabet sieht, wie sie ihn hoch über den Kopf hält und sich zum Sprung bereit macht.
„Du bist bestimmt verdreht“, sagt Lisabet. „Das bist du apselut!“
„I wo, da ist doch gar nichts weiter dabei“, sagt Madita, aber trotzdem kommt es ihr plötzlich ziemlich weit vor bis zur Erde. Aber wenn man mit einem Schirm aus einem Flugzeug springen kann, das tausend Meter hoch in der Luft fliegt, ja, du liebe Zeit, dann wird es wohl auch von einem Schuppendach gehen.
Ein Weilchen steht sie mit dem hoch erhobenen Schirm da und macht das Brummen eines Flugzeugs nach. Abbe hat ihr beigebracht, wie es klingen muss. Freilich hat auch Abbe noch nie ein Flugzeug gesehen oder gehört, aber wie es klingen muss, weiß er trotzdem. Abbe weiß alles.
„Brrr, brrr, brrr“, macht Madita.
„Auwei“, ruft Lisabet.

Überlege dir, wie das Abenteuer für Madita wohl ausgehen wird, bevor du weiterliest.

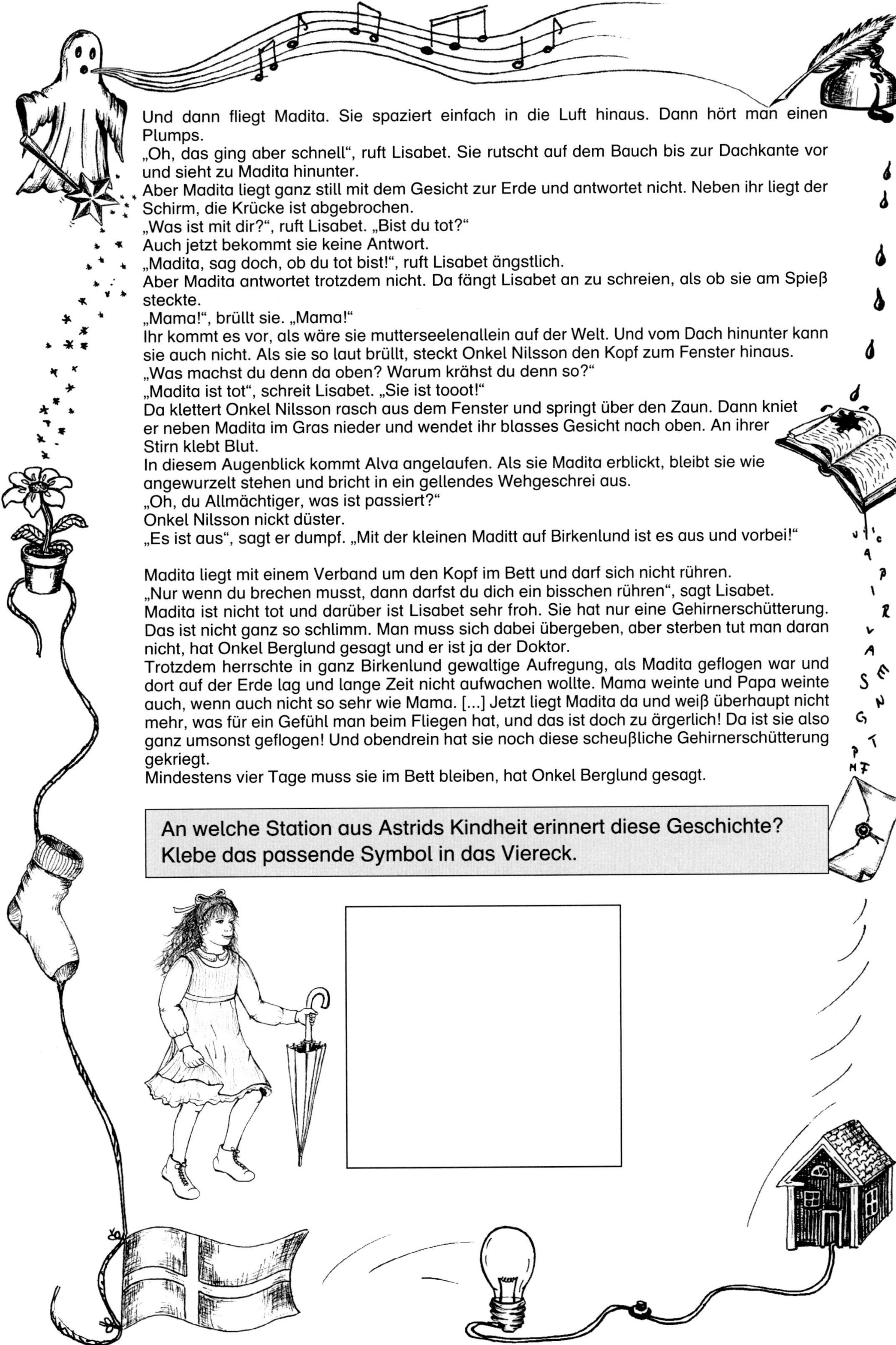

Und dann fliegt Madita. Sie spaziert einfach in die Luft hinaus. Dann hört man einen Plumps.
„Oh, das ging aber schnell", ruft Lisabet. Sie rutscht auf dem Bauch bis zur Dachkante vor und sieht zu Madita hinunter.
Aber Madita liegt ganz still mit dem Gesicht zur Erde und antwortet nicht. Neben ihr liegt der Schirm, die Krücke ist abgebrochen.
„Was ist mit dir?", ruft Lisabet. „Bist du tot?"
Auch jetzt bekommt sie keine Antwort.
„Madita, sag doch, ob du tot bist!", ruft Lisabet ängstlich.
Aber Madita antwortet trotzdem nicht. Da fängt Lisabet an zu schreien, als ob sie am Spieß steckte.
„Mama!", brüllt sie. „Mama!"
Ihr kommt es vor, als wäre sie mutterseelenallein auf der Welt. Und vom Dach hinunter kann sie auch nicht. Als sie so laut brüllt, steckt Onkel Nilsson den Kopf zum Fenster hinaus.
„Was machst du denn da oben? Warum krähst du denn so?"
„Madita ist tot", schreit Lisabet. „Sie ist tooot!"
Da klettert Onkel Nilsson rasch aus dem Fenster und springt über den Zaun. Dann kniet er neben Madita im Gras nieder und wendet ihr blasses Gesicht nach oben. An ihrer Stirn klebt Blut.
In diesem Augenblick kommt Alva angelaufen. Als sie Madita erblickt, bleibt sie wie angewurzelt stehen und bricht in ein gellendes Wehgeschrei aus.
„Oh, du Allmächtiger, was ist passiert?"
Onkel Nilsson nickt düster.
„Es ist aus", sagt er dumpf. „Mit der kleinen Maditt auf Birkenlund ist es aus und vorbei!"

Madita liegt mit einem Verband um den Kopf im Bett und darf sich nicht rühren.
„Nur wenn du brechen musst, dann darfst du dich ein bisschen rühren", sagt Lisabet.
Madita ist nicht tot und darüber ist Lisabet sehr froh. Sie hat nur eine Gehirnerschütterung. Das ist nicht ganz so schlimm. Man muss sich dabei übergeben, aber sterben tut man daran nicht, hat Onkel Berglund gesagt und er ist ja der Doktor.
Trotzdem herrschte in ganz Birkenlund gewaltige Aufregung, als Madita geflogen war und dort auf der Erde lag und lange Zeit nicht aufwachen wollte. Mama weinte und Papa weinte auch, wenn auch nicht so sehr wie Mama. [...] Jetzt liegt Madita da und weiß überhaupt nicht mehr, was für ein Gefühl man beim Fliegen hat, und das ist doch zu ärgerlich! Da ist sie also ganz umsonst geflogen! Und obendrein hat sie noch diese scheußliche Gehirnerschütterung gekriegt.
Mindestens vier Tage muss sie im Bett bleiben, hat Onkel Berglund gesagt.

An welche Station aus Astrids Kindheit erinnert diese Geschichte? Klebe das passende Symbol in das Viereck.

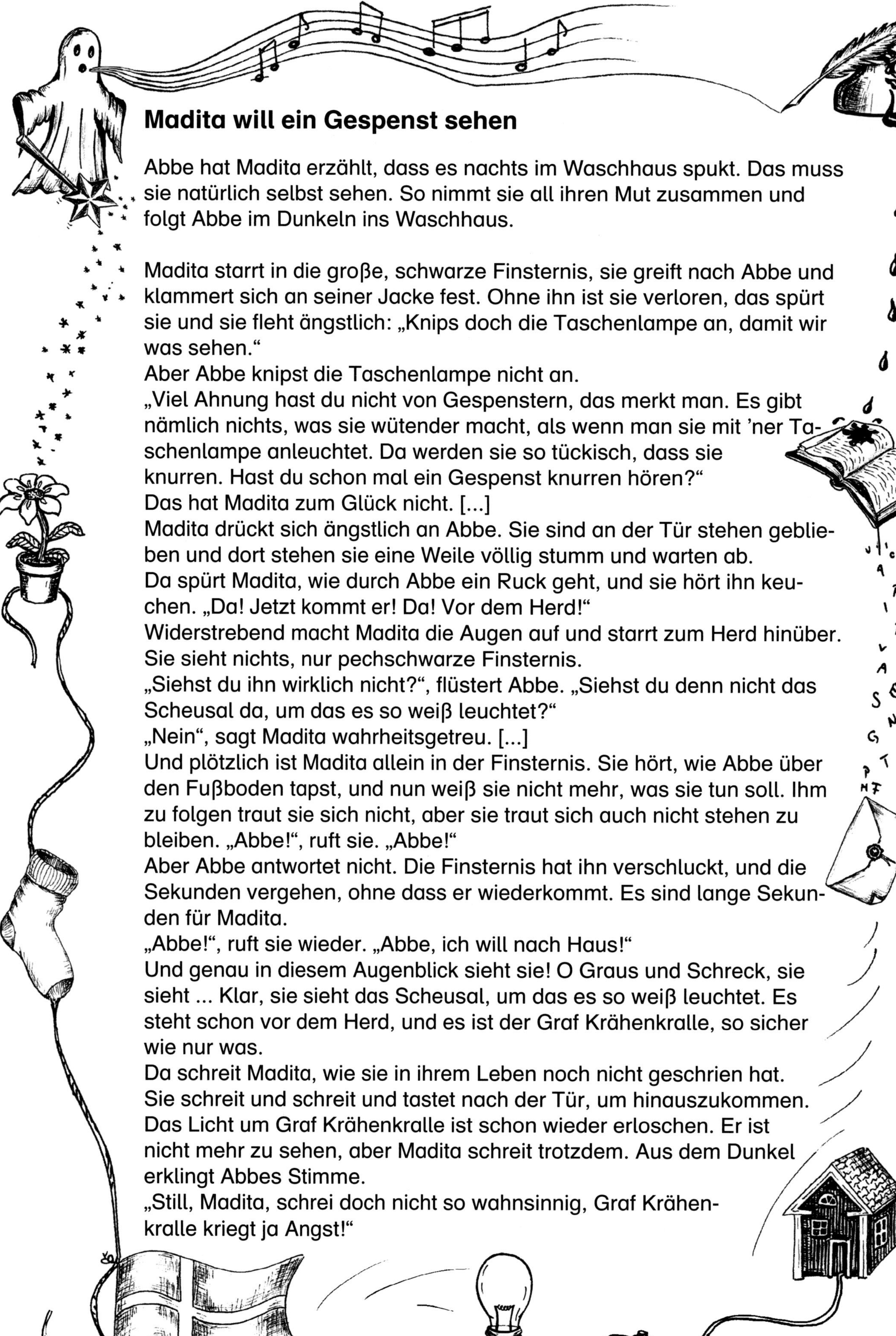

Madita will ein Gespenst sehen

Abbe hat Madita erzählt, dass es nachts im Waschhaus spukt. Das muss sie natürlich selbst sehen. So nimmt sie all ihren Mut zusammen und folgt Abbe im Dunkeln ins Waschhaus.

Madita starrt in die große, schwarze Finsternis, sie greift nach Abbe und klammert sich an seiner Jacke fest. Ohne ihn ist sie verloren, das spürt sie und sie fleht ängstlich: „Knips doch die Taschenlampe an, damit wir was sehen."
Aber Abbe knipst die Taschenlampe nicht an.
„Viel Ahnung hast du nicht von Gespenstern, das merkt man. Es gibt nämlich nichts, was sie wütender macht, als wenn man sie mit 'ner Taschenlampe anleuchtet. Da werden sie so tückisch, dass sie knurren. Hast du schon mal ein Gespenst knurren hören?"
Das hat Madita zum Glück nicht. [...]
Madita drückt sich ängstlich an Abbe. Sie sind an der Tür stehen geblieben und dort stehen sie eine Weile völlig stumm und warten ab.
Da spürt Madita, wie durch Abbe ein Ruck geht, und sie hört ihn keuchen. „Da! Jetzt kommt er! Da! Vor dem Herd!"
Widerstrebend macht Madita die Augen auf und starrt zum Herd hinüber. Sie sieht nichts, nur pechschwarze Finsternis.
„Siehst du ihn wirklich nicht?", flüstert Abbe. „Siehst du denn nicht das Scheusal da, um das es so weiß leuchtet?"
„Nein", sagt Madita wahrheitsgetreu. [...]
Und plötzlich ist Madita allein in der Finsternis. Sie hört, wie Abbe über den Fußboden tapst, und nun weiß sie nicht mehr, was sie tun soll. Ihm zu folgen traut sie sich nicht, aber sie traut sich auch nicht stehen zu bleiben. „Abbe!", ruft sie. „Abbe!"
Aber Abbe antwortet nicht. Die Finsternis hat ihn verschluckt, und die Sekunden vergehen, ohne dass er wiederkommt. Es sind lange Sekunden für Madita.
„Abbe!", ruft sie wieder. „Abbe, ich will nach Haus!"
Und genau in diesem Augenblick sieht sie! O Graus und Schreck, sie sieht ... Klar, sie sieht das Scheusal, um das es so weiß leuchtet. Es steht schon vor dem Herd, und es ist der Graf Krähenkralle, so sicher wie nur was.
Da schreit Madita, wie sie in ihrem Leben noch nicht geschrien hat. Sie schreit und schreit und tastet nach der Tür, um hinauszukommen. Das Licht um Graf Krähenkralle ist schon wieder erloschen. Er ist nicht mehr zu sehen, aber Madita schreit trotzdem. Aus dem Dunkel erklingt Abbes Stimme.
„Still, Madita, schrei doch nicht so wahnsinnig, Graf Krähenkralle kriegt ja Angst!"

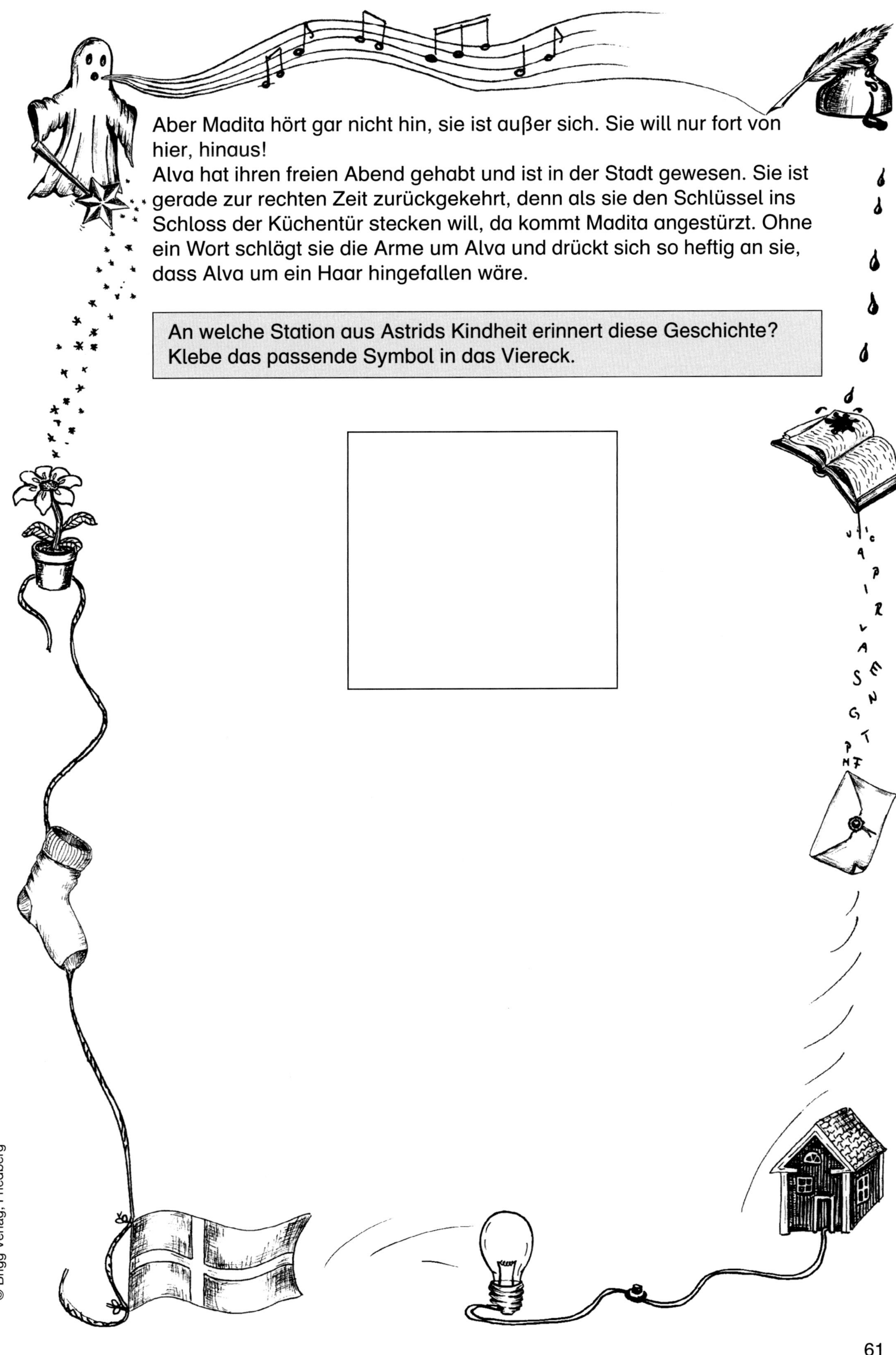

Aber Madita hört gar nicht hin, sie ist außer sich. Sie will nur fort von hier, hinaus!

Alva hat ihren freien Abend gehabt und ist in der Stadt gewesen. Sie ist gerade zur rechten Zeit zurückgekehrt, denn als sie den Schlüssel ins Schloss der Küchentür stecken will, da kommt Madita angestürzt. Ohne ein Wort schlägt sie die Arme um Alva und drückt sich so heftig an sie, dass Alva um ein Haar hingefallen wäre.

An welche Station aus Astrids Kindheit erinnert diese Geschichte? Klebe das passende Symbol in das Viereck.

Michels trauriges hundertstes Männchen

Michel wohnte mit seinen Eltern, seiner kleinen Schwester Ida, dem Knecht Alfred und der Magd Lina auf dem Hof Katthult in Lönneberga. Er war schon überall für seine Streiche bekannt. An diesem Tag waren schon zwei „passiert“: In die Mausefalle, die er für die Maus in der Küche aufgestellt hatte, war der Vater mit seinem großen Zeh hineingeraten und die Schüssel mit dem Blutklößeteig fiel leider aus Michels Hand auf den Kopf des Vaters, als er ihm den Teig zeigen wollte. Nun saß er im Schuppen und schnitzte weiter Holzmännchen.

Michels Mama ließ Lina Kartoffeln für die Puffer reiben. Du weißt vielleicht nicht, was Kartoffelpuffer sind? Das ist eine Art Pfannkuchen aus geriebenen Kartoffeln und sie schmecken viel besser, als es klingt, das kann ich dir versichern. Lina hatte bald einen dicken, prächtigen, braungelben Teig in der Steingutschüssel, die sich Michels Papa vom Kopf genommen hatte. Er wollte ja nicht den ganzen Tag wie ein Wikinger herumlaufen. Sobald er einigermaßen gesäubert worden war, ging er hinaus aufs Feld, um mit der Roggenernte zu beginnen, während er darauf wartete, dass die Kartoffelpuffer fertig wurden. Und da ließ Michels Mama Michel aus dem Tischlerschuppen.
Michel hatte lange still gesessen. Nun spürte er, dass er sich bewegen musste.
Wir spielen Kickse-kickse-hu“, sagte er zur kleinen Ida und Ida lief sofort los. Kickse-kickse-hu war nämlich ein Laufspiel, das Michel sich ausgedacht hatte. So spielte man es: Man lief, als ginge es ums nackte Leben, aus der Küche in den Flur und vom Flur in die Kammer, von der Kammer in die Küche und wieder von der Küche in den Flur, rundherum, rundherum, dass es nur so pfiff. Aber Michel und Ida liefen jeder in eine andere Richtung und immer, wenn sie sich begegneten, stachen sie einander den Zeigefinger in den Bauch und schrien: „Kickse-kickse-hu!“ Daher hatte das Spiel seinen Namen. Es war ein durch und durch lustiges Spiel, fanden beide, Michel und Ida.
Aber als Michel auf seiner achtundachtzigsten Runde in die Küche gerannt kam, traf er Lina. Sie hatte die Steingutschüssel in den Händen und war auf dem Weg zum Herd, um endlich die Kartoffelpuffer zu backen. Weil Michel ihr auch etwas Spaß gönnte, bohrte er ihr den Zeigefinger in den Bauch und rief: „Kickse-kickse-hu!“ Das hätte er nicht tun sollen. Er wusste doch, wie kitzlig Lina war.
„Jiiih!“, machte Lina und krümmte sich wie ein Wurm. Und – kann man sich so etwas Schreckliches vorstellen? – die Schüssel flog ihr aus den Händen. Niemand weiß richtig, wie es geschah. Aber soviel steht jedenfalls fest, dass Michels Papa, der gerade, wild vor Hunger, zur Tür hereinkam, den ganzen Kartoffelpufferteig mitten ins Gesicht kriegte.

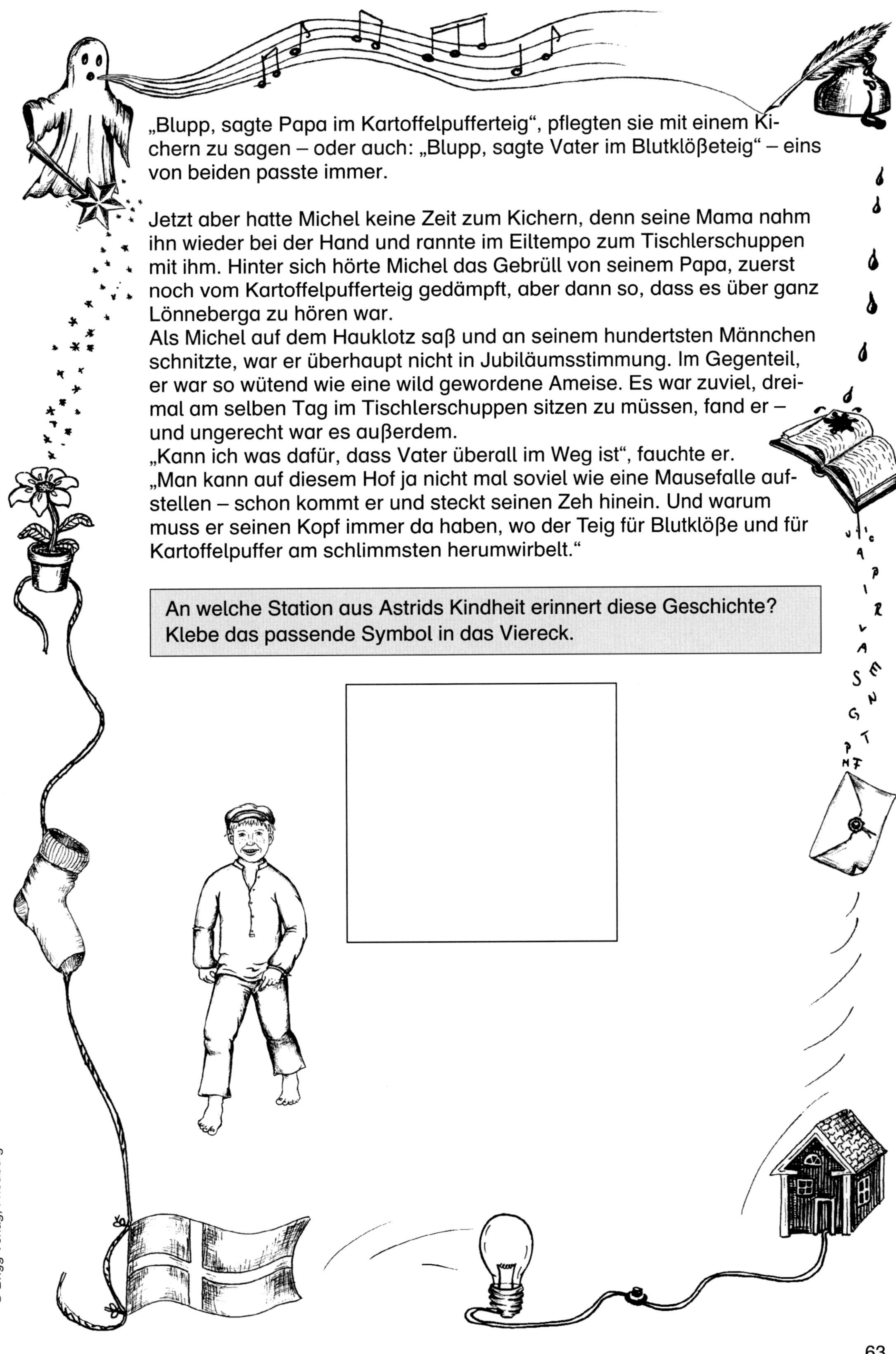

„Blupp, sagte Papa im Kartoffelpufferteig", pflegten sie mit einem Kichern zu sagen – oder auch: „Blupp, sagte Vater im Blutklößeteig" – eins von beiden passte immer.

Jetzt aber hatte Michel keine Zeit zum Kichern, denn seine Mama nahm ihn wieder bei der Hand und rannte im Eiltempo zum Tischlerschuppen mit ihm. Hinter sich hörte Michel das Gebrüll von seinem Papa, zuerst noch vom Kartoffelpufferteig gedämpft, aber dann so, dass es über ganz Lönneberga zu hören war.
Als Michel auf dem Hauklotz saß und an seinem hundertsten Männchen schnitzte, war er überhaupt nicht in Jubiläumsstimmung. Im Gegenteil, er war so wütend wie eine wild gewordene Ameise. Es war zuviel, dreimal am selben Tag im Tischlerschuppen sitzen zu müssen, fand er – und ungerecht war es außerdem.
„Kann ich was dafür, dass Vater überall im Weg ist", fauchte er. „Man kann auf diesem Hof ja nicht mal soviel wie eine Mausefalle aufstellen – schon kommt er und steckt seinen Zeh hinein. Und warum muss er seinen Kopf immer da haben, wo der Teig für Blutklöße und für Kartoffelpuffer am schlimmsten herumwirbelt."

An welche Station aus Astrids Kindheit erinnert diese Geschichte? Klebe das passende Symbol in das Viereck.

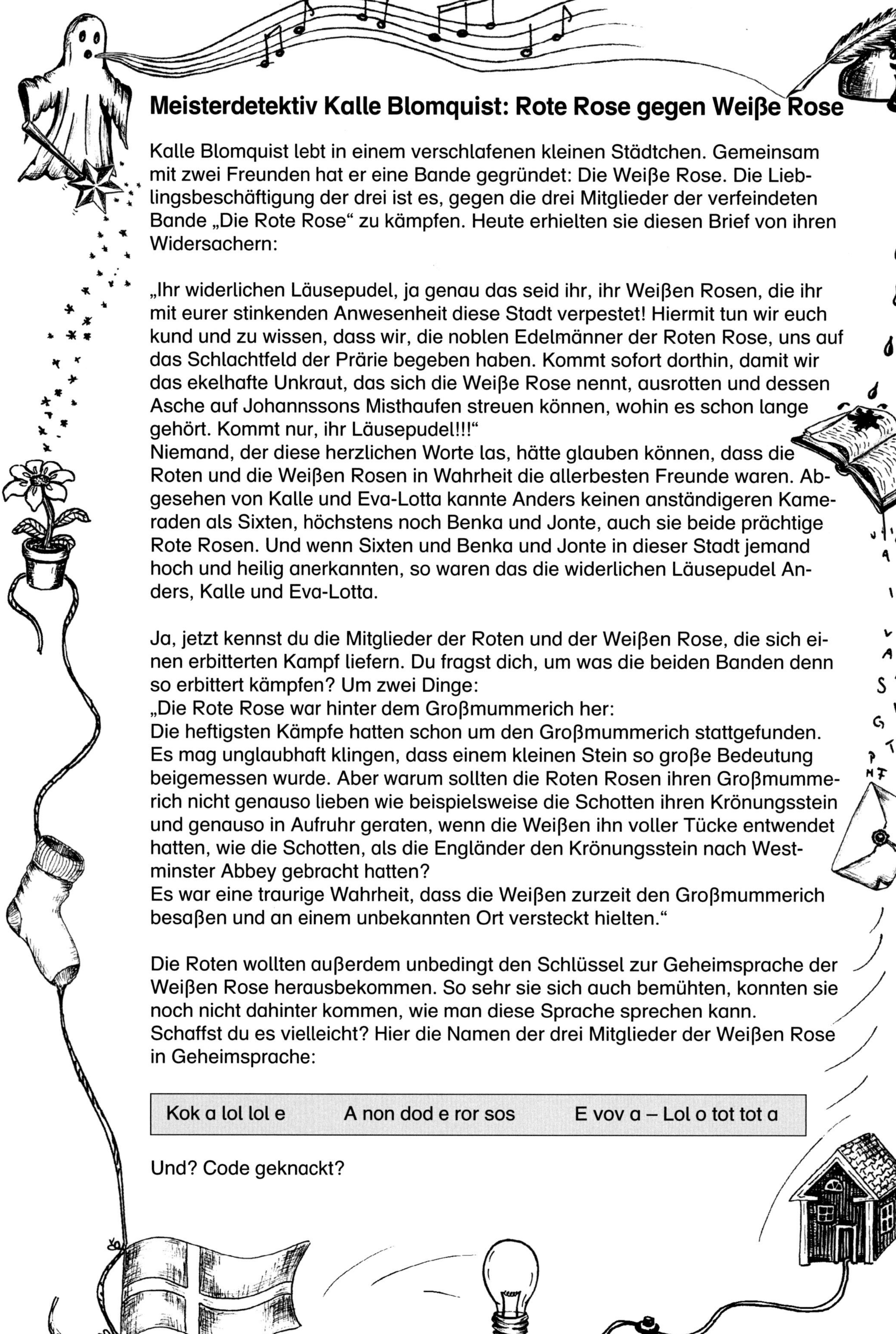

Meisterdetektiv Kalle Blomquist: Rote Rose gegen Weiße Rose

Kalle Blomquist lebt in einem verschlafenen kleinen Städtchen. Gemeinsam mit zwei Freunden hat er eine Bande gegründet: Die Weiße Rose. Die Lieblingsbeschäftigung der drei ist es, gegen die drei Mitglieder der verfeindeten Bande „Die Rote Rose" zu kämpfen. Heute erhielten sie diesen Brief von ihren Widersachern:

„Ihr widerlichen Läusepudel, ja genau das seid ihr, ihr Weißen Rosen, die ihr mit eurer stinkenden Anwesenheit diese Stadt verpestet! Hiermit tun wir euch kund und zu wissen, dass wir, die noblen Edelmänner der Roten Rose, uns auf das Schlachtfeld der Prärie begeben haben. Kommt sofort dorthin, damit wir das ekelhafte Unkraut, das sich die Weiße Rose nennt, ausrotten und dessen Asche auf Johannssons Misthaufen streuen können, wohin es schon lange gehört. Kommt nur, ihr Läusepudel!!!"
Niemand, der diese herzlichen Worte las, hätte glauben können, dass die Roten und die Weißen Rosen in Wahrheit die allerbesten Freunde waren. Abgesehen von Kalle und Eva-Lotta kannte Anders keinen anständigeren Kameraden als Sixten, höchstens noch Benka und Jonte, auch sie beide prächtige Rote Rosen. Und wenn Sixten und Benka und Jonte in dieser Stadt jemand hoch und heilig anerkannten, so waren das die widerlichen Läusepudel Anders, Kalle und Eva-Lotta.

Ja, jetzt kennst du die Mitglieder der Roten und der Weißen Rose, die sich einen erbitterten Kampf liefern. Du fragst dich, um was die beiden Banden denn so erbittert kämpfen? Um zwei Dinge:
„Die Rote Rose war hinter dem Großmummerich her:
Die heftigsten Kämpfe hatten schon um den Großmummerich stattgefunden. Es mag unglaubhaft klingen, dass einem kleinen Stein so große Bedeutung beigemessen wurde. Aber warum sollten die Roten Rosen ihren Großmummerich nicht genauso lieben wie beispielsweise die Schotten ihren Krönungsstein und genauso in Aufruhr geraten, wenn die Weißen ihn voller Tücke entwendet hatten, wie die Schotten, als die Engländer den Krönungsstein nach Westminster Abbey gebracht hatten?
Es war eine traurige Wahrheit, dass die Weißen zurzeit den Großmummerich besaßen und an einem unbekannten Ort versteckt hielten."

Die Roten wollten außerdem unbedingt den Schlüssel zur Geheimsprache der Weißen Rose herausbekommen. So sehr sie sich auch bemühten, konnten sie noch nicht dahinter kommen, wie man diese Sprache sprechen kann.
Schaffst du es vielleicht? Hier die Namen der drei Mitglieder der Weißen Rose in Geheimsprache:

Kok a lol lol e	A non dod e ror sos	E vov a – Lol o tot tot a

Und? Code geknackt?

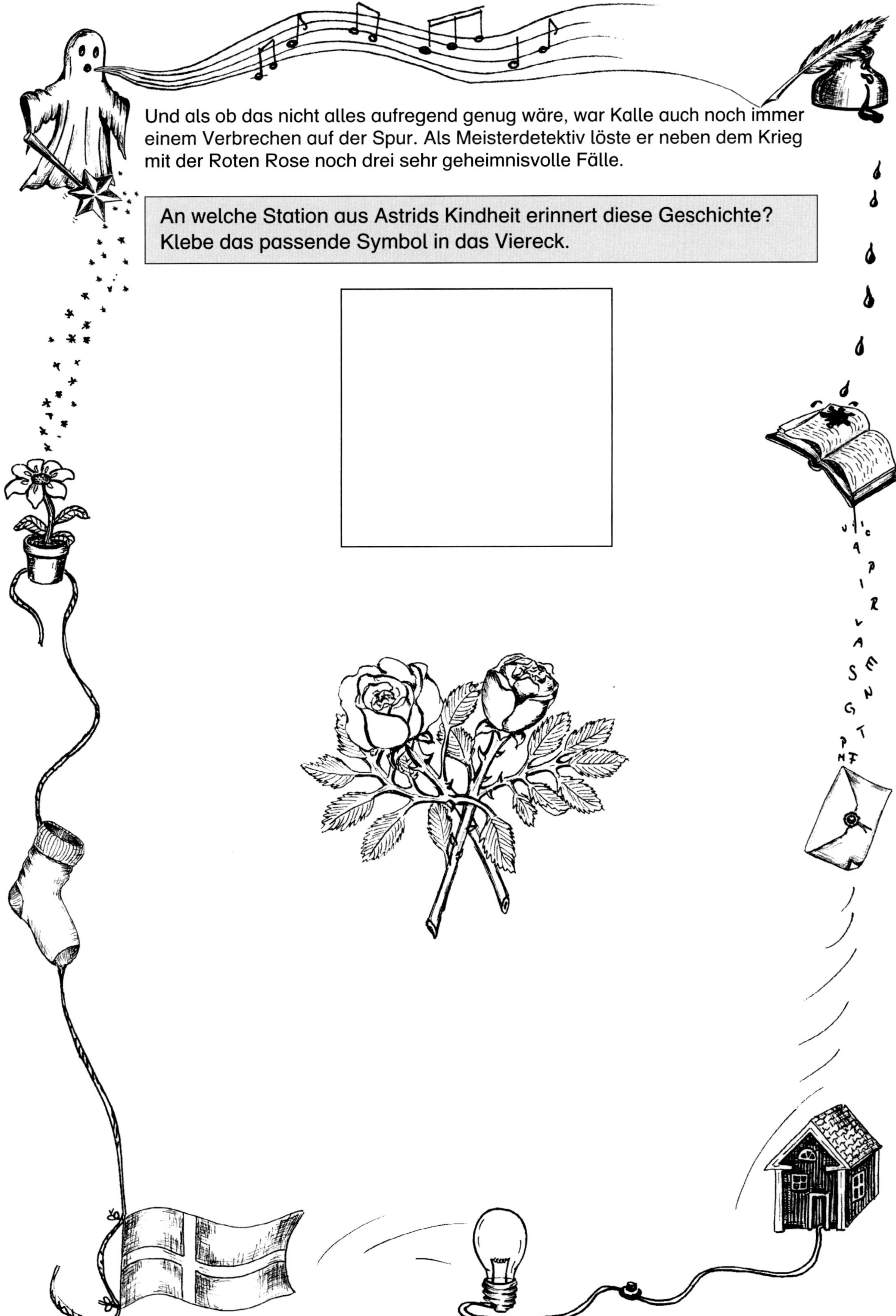

Und als ob das nicht alles aufregend genug wäre, war Kalle auch noch immer einem Verbrechen auf der Spur. Als Meisterdetektiv löste er neben dem Krieg mit der Roten Rose noch drei sehr geheimnisvolle Fälle.

An welche Station aus Astrids Kindheit erinnert diese Geschichte? Klebe das passende Symbol in das Viereck.

Die Kinder aus Bullerbü: Es ist schön, ein Tier zu haben

Es ist schön, ein Tier zu haben, das einem ganz gehört. Ich möchte auch gerne einen Hund haben, aber ich habe keinen. Wir haben so viele Tiere hier in Bullerbü, Pferde und Kühe, Kälber, Schweine und Schafe. Und Mutti hat eine Menge Hühner. Deshalb nennt man den Mittelhof auch die Hühnerfarm von Bullerbü. Mutti schickt Eier an alle Leute, die gern Küken haben möchten. Eines von unseren Pferden heißt Ajax und gehört mir. Aber es gehört mir nicht so ganz, wie Swipp Ole gehört.

Aber Kaninchen habe ich, die wirklich mir gehören. Sie wohnen in einem Stall, den Vati mir gebaut hat, und jeden Tag muss ich hinausgehen und Gras und Löwenzahnblätter für sie pflücken. Im Winter bringe ich die Kaninchen in den Kuhstall. Sie bekommen viele Junge, und ich habe eine Menge an Ole verkauft. Bosse hatte früher auch Kaninchen, aber es wurde ihm über, wie ihm alles über wird außer seinen Vogeleiern.

Draußen in unserem Garten steht ein alter Baum, den wir den Eulenbaum nennen, weil Eulen darin wohnen. Einmal kletterte Bosse auf den Eulenbaum und nahm den Eulen ein Ei weg. Es lagen vier Eier im Nest, sodass die Eulen noch drei Eier behielten. Bosse machte an jedem Ende ein kleines Loch in die Schale, pustete das Eigelb und das Weiß hinaus und legte dann die leere Schale in die Kommode zu seinen anderen Vogeleiern. Hinterher fiel ihm ein, dass er sich mit der Eulenmutter einen kleinen Spaß machen könne, und da kletterte er wieder zu dem Nest hinauf und legte ein Hühnerei hinein. War es nicht merkwürdig, dass die Eulenmutter die Veränderung nicht bemerkte? Denn das tat sie nicht. Sie brütete ruhig weiter, und eines schönen Tages lagen drei junge Eulen und ein Küken in dem Nest. Die Eulenmutter wird sich gewundert haben, als sie entdeckte, dass eines von ihren Jungen wie ein kleiner gelber Ball aussah! Aber Bosse fürchtete, das Küken würde ihr nicht gefallen, sodass er hinaufkletterte und es holte.

„Übrigens ist es mein Küken“, sagte er.

Er band dem Küken einen roten Faden um das Bein, damit er es wiedererkennen könne, und setzte es zu Mutters Küken. Er taufte es Albert, aber als Albert größer wurde, merkten wir, dass es kein Hähnchen, sondern ein Hühnchen war. Da nannte es Bosse Albertina. Jetzt ist Albertina ein großes Huhn, und wenn Bosse ein Ei isst, sagt er:

„Das hat Albertina für mich gelegt.“

Albertina flattert und fliegt viel mehr umher als irgendeins von den anderen Hühnern.

„Das kommt daher, dass sie in einem Eulennest aus dem Ei gekrochen ist“, sagt Bosse.

An welche Station aus Astrids Kindheit erinnert diese Geschichte? Klebe das passende Symbol in das Viereck.

Aufgaben zu den Textstellen aus Lindgrens Büchern

Anmerkung für den Lehrer:

Diese Aufgaben sind zur Differenzierung gedacht. Deshalb sind sie nicht gleich auf das Arbeitsblatt gedruckt. Die Aufgaben können jeweils zu den einzelnen Texten ausgeteilt werden. Der Schüler klebt sie in sein Lindgren-Heft und schreibt die Antworten darunter.
Die Lösung zur richtigen Zuordnung der Symbole zu den einzelnen Texten befindet sich jeweils auf der Aufgabenstellung.

Aufgaben zu „Pippi feiert Geburtstag“

1) Stell dir vor, du wärst auf Pippis Party gewesen. Hättest du dich wohl gefühlt? Begründe deine Aussage.
2) Male das Zimmer und die verschiedenen Gegenstände, die der Reihe nach kommen, als sie das Spiel „Nicht den Fußboden berühren“ spielen.
3) Welche Spiele könnten sie noch spielen? Vielleicht kannst du den Dreien ja einige Tipps geben.

Aufgaben zu „Madita schreit: Nein!“

1) Welche Gründe könnte Mia gehabt haben, das Portemonnaie des Rektors zu stehlen.
2) Wie hätte sich der Rektor besser verhalten können?
3) Hättest du dich an Maditas Stelle auch getraut, „Nein!“ zu schreien? Begründe.
4) Mit deinen Mitschülern kannst du die Szene gerne nachspielen.

Aufgaben zu „Madita übt Fliegen“

1) Maditas Geschichte spielt ungefähr um 1910 herum. Da waren Flugzeuge nicht so selbstverständlich wie heute. Schlage einmal im Lexikon nach, wie die Flugzeuge zu dieser Zeit ausgesehen haben.

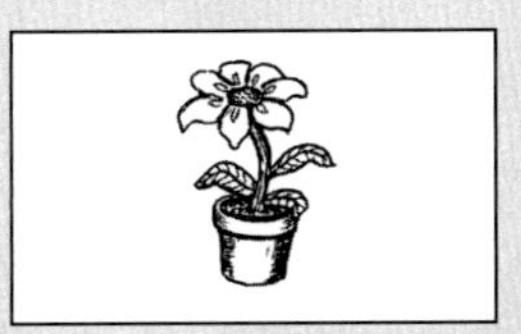

Aufgaben zu „Madita will ein Gespenst sehen“

1) Sieht Madita wirklich Graf Krähenkralle im Waschhaus? Was meinst du? Wenn nicht, wen sieht sie dann?
2) Wie stellst du dir Graf Krähenkralle vor? Male ihn!
3) Mit deinen Mitschülern kannst du die Szene gerne nachspielen.

Aufgaben zu „Michels trauriges hundertstes Männchen“

1) War Michel absichtlich frech?
2) Wie, glaubst du, hätte dein Papa reagiert, wenn du so etwas wie Michel angestellt hättest?
3) Male ein Männchen, das Michel geschnitzt haben könnte.

Aufgaben zu „Meisterdetektiv Kalle Blomquist"

1) Wer gehört zur Weißen und wer zur Roten Rose? Konntest du es herausfinden? Schreibe die Namen in die richtige Spalte.

Weiße Rose	Rote Rose

2) Hinter welchen zwei Dingen ist die Rote Rose her?
3) Schreibe den geknackten Code der Geheimsprache der Weißen Rose auf.
4) Schreibe deinen Namen in der Geheimsprache.

Aufgaben zu „Die Kinder aus Bullerbü"

1) Male Albert(ina).
2) Besitzt du auch ein Tier? Was für eines und wie heißt es?
3) Male dein Tier.

Lösung zu „Meisterdetektiv Kalle Blomquist", S. 64 f.

Weiße Rose	Rote Rose
Anders Kalle Eva-Lotta	Sixten Benka Jonte

Schatzkiste zu Astrid Lindgren

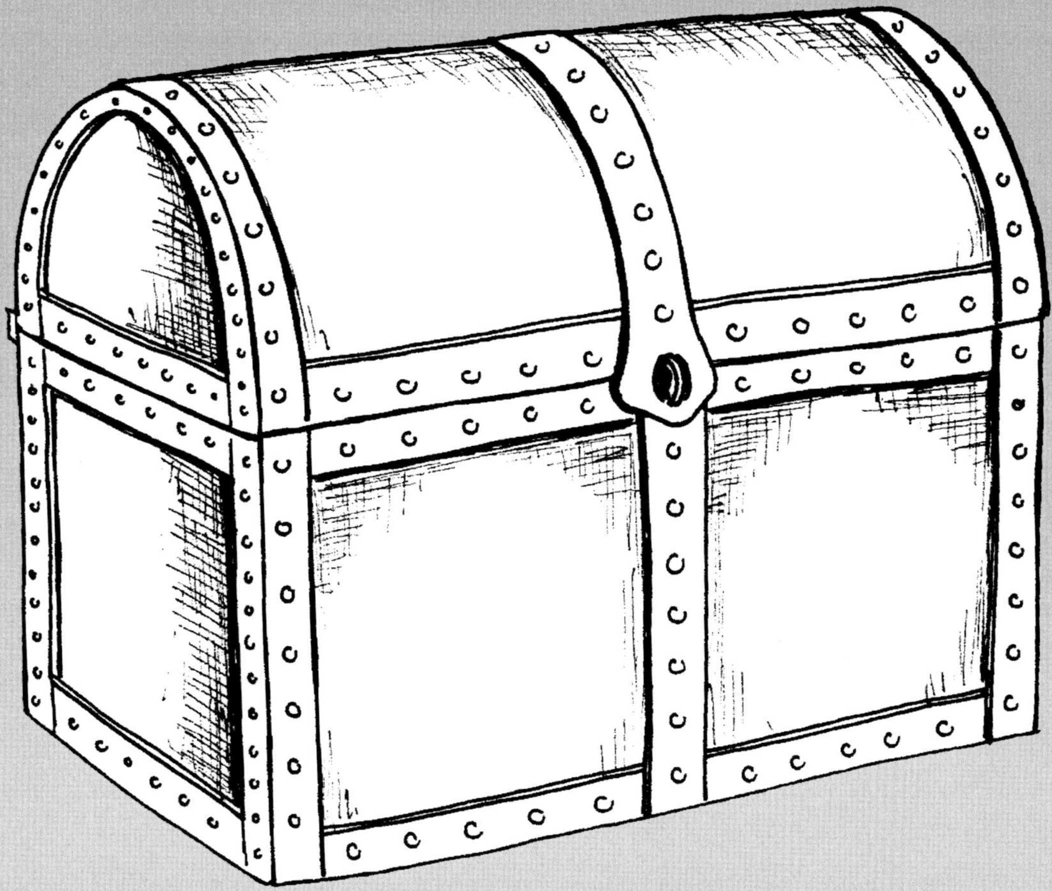

Hier liegt Vimmerby

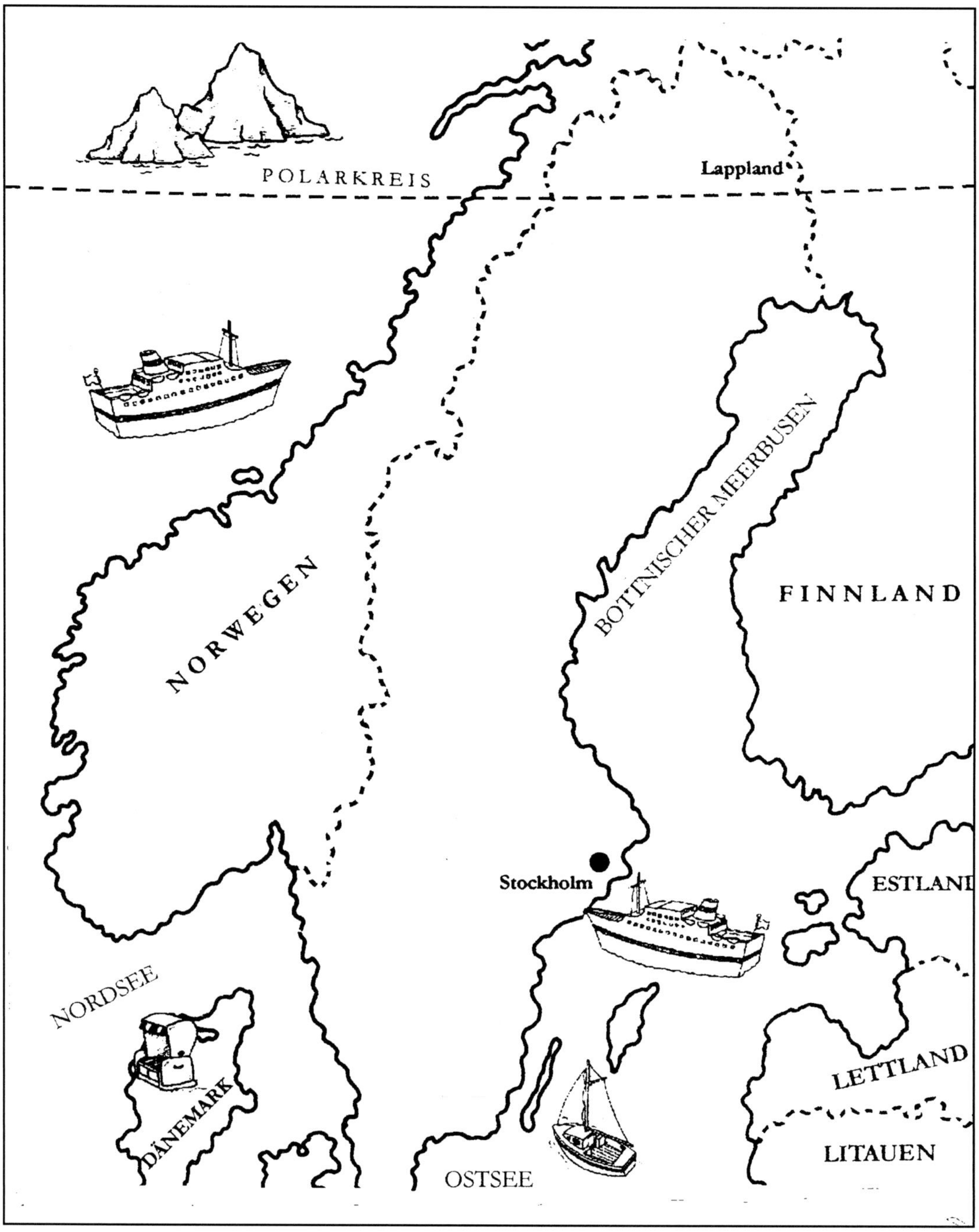

POLARKREIS
Lappland
NORWEGEN
BOTTNISCHER MEERBUSEN
FINNLAND
Stockholm
ESTLAND
NORDSEE
DÄNEMARK
LETTLAND
LITAUEN
OSTSEE

Nimm einen Atlas zur Hand.
Suche Schweden im Atlas. Male es auf deinem Arbeitsblatt grün aus.
Suche nun die Städte Jönköpping und Västervik im Atlas.
(Tipp: Sie liegen unterhalb von Stockholm.) Zeichne sie in deiner Karte ein.
Fast genau in der Mitte zwischen diesen beiden Städten liegt **Vimmerby**.
Hier malst du einen schönen roten Punkt in deine Karte.

Damit die Karte übersichtlicher wird, kannst du auch die Fläche des Meeres blau schraffieren.

Astrids Fotoalbum

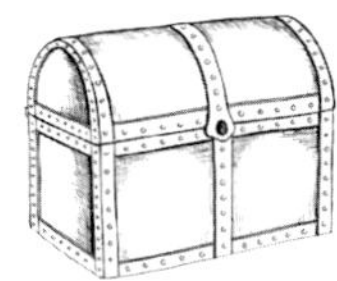

Fotoalbum „Astrids Bücher“

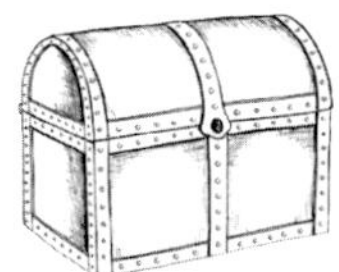

Bildunterschriften zum „Fotoalbum“

„Astrids Fotoalbum“

Das rote und das gelbe Haus auf Näs

Näs – die Veranda des roten Hauses

Der Eulenbaum

Die Villa von Maditas Eltern

Astrids Stockholmer Wohnung
(die drei rechten, unteren Fenster)

Astrids Grabstein in Vimmerby –
Der Stein stammt von einer Kuhweide
von Näs

Fotoalbum „Astrids Bücher“

Katthult – Michels Zuhause

Michels Weide mit Gattertor

Kalle Blomquists Heim

Ronjas Wald mit Weißmoos

Die Idee zu Brüder Löwenherz –
Das Kreuz der Brüder Phalen

Pippi heißt euch in Vimmerby willkommen!

 Schneide die Kärtchen aus und klebe sie unter das passende Bild.

Mein eigenes Schwedenhaus

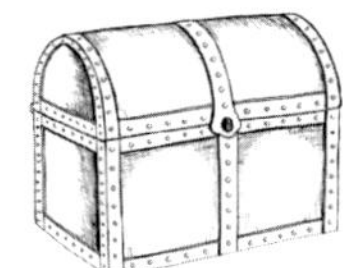

Benötigte Materialien

1 kleine Schachtel, 1 großer Bogen beiger Fotokarton, 1–2 weiße DIN-A4-Blätter, Wasserfarben, 1 größerer Borstenpinsel, Schere, flüssiger Klebstoff, Lineal, Bleistift, schwarzer Fineliner

Vorgehensweise:

1) Messe, wie breit und hoch das breite und das dünne Seitenteil an deiner Schachtel ist.
2) Übertrage diese Maße mit Bleistift und Lineal nebeneinander auf den Fotokarton. Hast du die zwei Seitenteile aufgezeichnet, zeichne sie ein zweites Mal daneben (schließlich hat dein Haus vier Wände und nicht zwei):
   Nun sieht es so aus: eine Reihe
   breites Seitenteil – dünnes Seitenteil –
   breites Seitenteil – dünnes Seitenteil
3) An die beiden dünnen Seitenteile muss nun noch ein Dreieck auf die obere Linie gesetzt werden (denn ein Haus hat ja an der dünnen Seite immer einen Giebel, auf den man dann das Dach setzt).
4) Schneide nun diese ganze Reihe aus. Trenne die Seitenteile aber nicht voneinander.

5) Jetzt kannst du mit Wasserfarben diese Reihe bemalen. Nimm dafür das dunkle Rot und mische etwas braun hinein, sodass das typische schwedische Rot zustande kommt. Achte darauf, viel Farbe und wenig Wasser zu verwenden. Mit dem Borstenpinsel fährst du nun immer von oben nach unten, sodass man denkt, es seien Holzbalken.
6) Nachdem die Reihe getrocknet ist, kannst du mit deinem Bleistift (oder deinem schwarzen Fineliner) Linien von oben nach unten mit dem Lineal einzeichnen, immer im Abstand von ca. 1,5 cm.
7) Umklebe nun deine Schachtel mit der Reihe. Wenn du sorgfältig gemessen hast, müsste sie wie angegossen passen. An den zwei dünnen Seiten müsste nun ein Giebel nach oben ragen.
8) Schneide nun aus dem weißen Papier vier Streifen aus. Sie müssen 2 cm breit sein und so hoch sein wie deine Schachtel.
9) Klebe sie an die vier Ecken deines Häuschens.

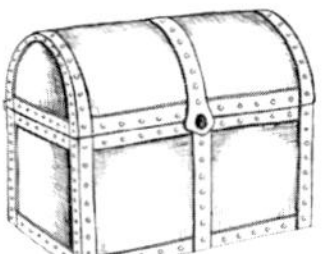

10) Schneide nun aus dem Fotokarton ein Viereck aus, das etwas breiter ist wie deine breite Schachtelseite.
    Die Länge deines Daches muss etwas Länger sein als dein Giebel.
11) Knicke es in der Mitte und bemale es mit Dachziegeln, die du dann wieder mit rotbrauner Wasserfarbe bemalst.
12) Umklebe die vier Seiten Deines Daches wieder mit einem ca. 2 cm breiten weißen Streifen.
13) Jetzt darfst du das Dach auf dein Häuschen setzen.
14) Als Letztes kannst du noch Fenster und eine Haustür aus dem weißen Papier ausschneiden und an dein Häuschen kleben.

FERTIG!

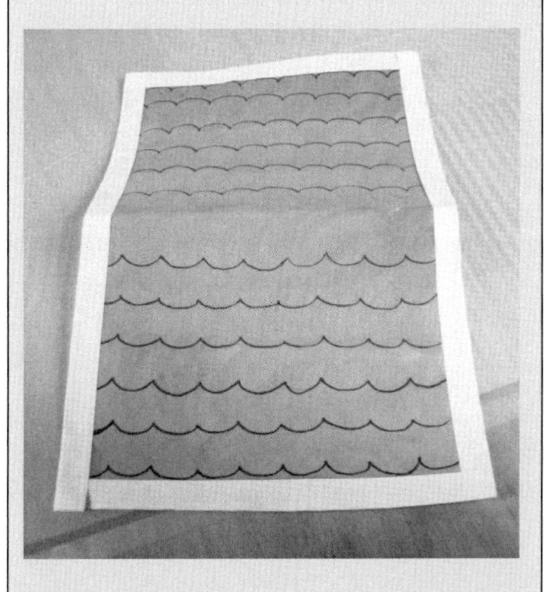

Für die aufwändigere Version: Bastelstäbchen (die großen, die auch als „Eisstäbchen" bekannt sind; statt des Fotokartons für die Wände bemalt man die Stäbchen rot-braun und klebt sie an die vier Seiten des Häuschens.
Vorsicht: Sie sind ziemlich lang und lassen sich nur schlecht kürzen, sodass die Schachteln sehr viel größer sein müssen.)

Quiz zu Astrid Lindgren

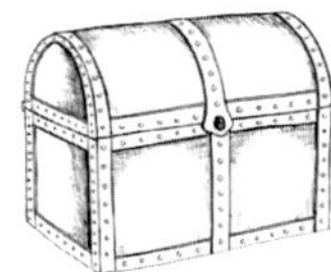

	Mögliche Fragen
1	Wo ist Astrid Lindgren geboren?
2	Wie hießen ihre Eltern?
3	Wie viele Geschwister hatte sie?
4	Wie hieß ihr Bruder, den sie so sehr mochte?
5	Was machten sie als Kinder in der Scheune?
6	Wie nannten sie den alten Baum, der innen hohl war?
7	Erkläre, wie man das Spiel „Nicht-den-Fußboden-berühren“ spielt.
8	Was sind Heufuhren-Briefe?
9	Was ist ein Salikon?
10	Was sind Krummeluren?
11	Wie hieß Astrids beste Freundin?
12	Was taten die beiden Mädels am liebsten?
13	Was hatte Astrid gegen Sonntage?
14	Wie hieß das erste Märchen, das Astrid vorgelesen bekam?
15	Wo bekam sie es vorgelesen?
16	Was fand Astrid an ihrer Schulzeit so schrecklich?
17	Warum haben Astrid und ihre Schwester den Teufel nicht auf dem Friedhof getroffen?
18	Wo wohnte Astrid, als sie erwachsen war?
19	Wie viele Kinder hatte sie und wie hießen sie?
20	Wer hat die „Pippi Langstrumpf“ eigentlich erfunden.
21	Durch welchen Zufall kam es, dass Astrid überhaupt die Geschichte von „Pippi“ aufschrieb?
22	Welche Figuren von Astrid Lindgren kennst du noch?

Ratespiel: Wie gut kennst du Astrid Lindgren?

1) Der kleine Gunnar und die kleine Astrid fanden einen Regenwurm. Weil jeder ihn haben wollte, teilten sie ihn in der Mitte durch. Gunnar tat es dann leid und er wollte seinen Regenwurm wieder ins Gras zurücklegen. Was, glaubst du, tat Astrid mit ihrem Regenwurm?
   a) Sie setzte ihn auch zurück ins Gras.
   b) Sie aß ihn auf.

2) Mit 15 Jahren waren lange Haare bei Mädchen Pflicht. Mädchen mit kurzen Haaren wurden schief angeschaut. Was, glaubst du, machte Astrid?
   a) Sie ließ sich ihre Haare trotzdem abschneiden.
   b) Sie machte sich schöne Zöpfe.

3) Am Anfang wollte keiner „Pippi Langstrumpf" als Buch drucken. Alle sagten, diese Geschichte sei zu verrückt und gefährlich für Kinder. Was, glaubst du, tat Astrid?
   a) Sie gab nicht auf und wartete, bis einer schließlich das Buch drucken wollte.
   b) Sie versteckte die Geschichte daheim, sodass sie keiner mehr finden konnte, weil sie sich schämte.

4) Die Franzosen fanden, dass Pippi Langstrumpf nicht ein großes Pferd, sondern nur ein Pony hochheben sollte. Sie fanden es unglaubwürdig, dass ein kleines Mädchen ein großes Pferd hochheben kann. Was, glaubst du, antwortete Astrid darauf?
   a) Es tut mir leid, natürlich habt ihr Recht, Pippi kann gar kein Pferd heben.
   b) Ich würde gerne das Mädchen sehen, das ein Pony heben kann!

5) Astrid Lindgren schrieb so viele Bücher. Das Aufschreiben allein macht sehr viel Mühe. Was, glaubst du, tat sie?
   a) Sie hat alle Bücher selber geschrieben, und zwar morgens im Bett auf einen Block und dann später auf der Schreibmaschine.
   b) Sie hatte eine Sekretärin, die ihr dabei half.

6) Im Vasa-Park in Stockholm konnte man im Winter wundervoll auf dem Hintern einen Hügel hinunterrutschen. Astrids Sohn Lasse tat dies mit großem Vergnügen. Was, glaubst du, tat Astrid?
   a) Sie rutschte so wild mit, dass ihr Rock zerriss.
   b) Sie stand daneben und freute sich für ihren Sohn.

7) Als Astrid schon eine alte Frau war, ging sie oft mit ihrer Freundin Elsa im Park spazieren. Da entdeckte sie eines Tages einen besonders schönen Baum. Was, glaubst du, tat sie?
   a) Sie rief „Es steht nicht in Moses Gesetzen, dass alte Frauen nicht auf Bäume klettern dürfen!" und kletterte hinauf.
   b) Sie stellte sich unter ihn und staunte über seine Schönheit.

8) Astrid sollte einen großen Preis für ihre Bücher bekommen. Aber die Preisverleiher wollten ihr den Preis nur geben, wenn sie ihre Rede gegen Gewalt an Kindern nicht hielt. Was, glaubst du, tat sie?
   a) Sie hielt die Rede nicht, weil sie den Preis bekommen wollte.
   b) Sie sagte, sie wolle den Preis nur, wenn sie auch ihre Rede halten dürfe.

9) Als Astrid schon 69 Jahre alt war, musste man in Schweden 102 % Steuern an die Regierung zahlen. Das ist sehr sehr hoch. Was, glaubst du, tat Astrid?
   a) Sie zahlte brav ihre Steuern.
   b) Sie schrieb ein Märchen für eine Zeitung, in der sie sich über dieses Gesetz der Regierung lustig machte.

10) Astrid sah, wie eng die Käfige und Ställe waren, in denen in Schweden die Tiere gehalten wurden. Was, glaubst du, tat sie?
   a) Sie setzte sich daheim hin und weinte.
   b) Sie schrieb so lange Zeitungsartikel über traurige Tiere, bis die Politiker in Schweden ein Tierschutzgesetz beschließen.

8–10 richtige Antworten: Du bist toll! Du kannst Astrid Lindgren schon sehr gut einschätzen!
7–4 richtige Antworten: Meistens hast du richtig gelegen! Astrid Lindgren ist gar nicht so leicht zu durchschauen.
3–0 richtige Antworten: Ich glaube, du könntest Astrid Lindgren noch mehr zutrauen! Sie ist mutiger, als du denkst!

Zwei schwedische Rezepte

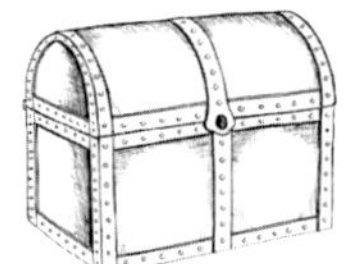

Hast du Lust, einmal zu kochen? Hier findest du zwei sehr typische schwedische Rezepte, wie sie auch Astrid gekocht hat!

Zimtschnecken (für die Süßen)	
Für den Hefeteig: 500 g Mehl 30 g frische Hefe 80 g Zucker 1 gestrichener TL Salz 1 EL Vanillezucker Für die Füllung: 50 g zerlassene Butter 100 g Zucker 1 TL Zimt nach Belieben auch 50 g geriebene Mandeln 	Gib das Mehl in eine Backschüssel, drücke in der Mitte eine Kuhle ein. Die Hefe verquirlst du mit einem Teelöffel Zucker, bis sie schmilzt, dann verrührst du sie mit etwas lauwarmer Milch und dann einem Löffel Mehl und gießt es in die Kuhle. Bestäube den Vorteig mit etwas Mehl, decke die Schüssel zu und lasse ihn im Warmen 30 Minuten gehen. Füge dann die restliche Milch, die weiche Butter, Zucker, Salz und Vanillezucker hinzu, verrühre alles kräftig und schlage es mit dem Rührlöffel, bis der Teig Blasen wirft und sich vom Schüsselrand löst. Wälze den Teig nun einmal in Mehl, lege ihn wieder in die Schüssel, decke ihn zu und lasse ihn gehen, bis sich der Teig verdoppelt hat. Knete dann den Teig noch einmal durch, rolle ihn etwa 5 mm dick zu einem länglichen Rechteck aus, bestreiche ihn mit zerlassener Butter und bestreue ihn mit Zucker und Zimt und Mandeln nach Belieben. Rolle den Teig auf und schneide ihn in 1–2 cm dicke Scheiben. Lasse diese auf dem Backtrennpapier auf dem Backblech noch einmal etwa 20 Minuten gehen, backe sie dann 20–25 Minuten bei 200–220°. Lasse die Schnecken abkühlen, bepudere sie mit Zucker und Zimt oder bestreiche sie mit einer Zuckerglasur. (Dazu verrührst du 200 g Puderzucker mit so viel Wasser oder halb Wasser, halb Zitronensaft, dass die Mischung cremig wird.)

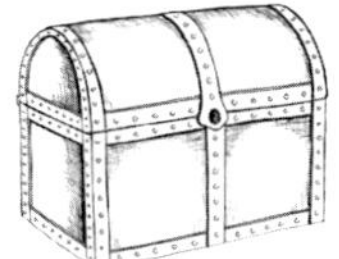

Schwedische Fleischklößchen (= Köttbullar) (für den Deftigen)

100 g Semmelbrösel
100 ml Milch
100 ml Sahne
400–500g Hackfleisch
1 TL Salz
1 Messerspitze schwarzer oder weißer Pfeffer
1–2 gewürfelte und golden gedünstete Zwiebeln
Butter zum Braten

Lasse die Semmelbrösel in Milch und Sahne eine Viertelstunde quellen. Dann vermengst du sie mit Hackfleisch, Salz, Pfeffer und Zwiebeln, verknetest alles rasch mit den Händen, schmeckst es ab und drehst mit nassen Händen kleine Fleischklößchen. In einer großen Pfanne lässt du die Butter zerschmelzen, brätst die Fleischklößchen darin kräftig an, rüttelst und schüttelst die Pfanne dabei, sodass die Klößchen von allen Seiten bräunen. Dann schaltest du die Hitze herunter und brätst die Klößchen durch, bis ein geöffneter Probekloß zeigt, dass sie gar sind.

Tipp 1:

Sicher hast du auch dein eigenes Lieblingsrezept. Wenn jeder sein Lieblingsrezept mitbringt, könntet ihr ein „Klassenkochbuch“ gestalten.

Tipp 2:

Wenn du deinen Eltern deine Kochkünste zeigen willst, können die Leckereien auch am Lindgren-Abend zum Naschen serviert werden.

Anmerkung: Diese Rezepte sind aus dem Buch „Bei Astrid Lindgren zu Tisch“ von Sybil Gräfin Schönfeldt entnommen.

Rezepte aus: Sybil Gräfin Schönfeldt: Bei Astrid Lindgren zu Tisch: Mit Kochrezepten für die ganze Familie, Arche Verlag, Zürich 2007.

Ein Abend „mit“ Astrid Lindgren

Ein schöner Abschluss für das Lindgren-Projekt könnte ein Lindgren-Abend sein. Hier haben die Schüler die Möglichkeit, Gelerntes und Gebasteltes zu präsentieren. Der Rahmen hierfür kann der Klassenverband mit Eltern oder auch der Schulverband sein (je nach Belieben).

Vorbereitung:

- Die Schwedenhäuschen, die Rumpelkisten, Zeichnungen und die Bücher Lindgrens können im Klassenzimmer an diesem Abend schön arrangiert werden.
- Das Porträt von Astrid Lindgren und Bilder, die im Unterricht Verwendung gefunden haben, könnte man als eine Art Collage an eine Wand drapieren.
- Das Quiz und das Ratespiel können für die Eltern vorbereitet werden und die Kinder können ihre Eltern testen.
- Basteln von Lindgren- bzw. Schweden-Lesezeichen (Tipp: Ist das Lesezeichen fertig gestaltet, ist es sinnvoll, es zu laminieren, bevor man eine Kordel daran befestigt. So hält es länger und reißt nicht aus. Die Kordel könnte die Farben der schwedischen Flagge haben: gelb und blau)
- Das Theaterstück, das Interview und die Lieder werden einstudiert.
- Will man dem Ganzen noch einen kulinarischen „Touch“ verleihen, kann man gemeinsam mit den Kindern Zimtschnecken backen (Diese sind in Småland überall zu finden und schmecken köstlich; nebenbei bemerkt, ist es die Lieblingsspeise Karlssons vom Dach).

Möglicher Ablauf eines solchen Abends:

– Begrüßung der Eltern mit „Idas Sommerlied“ (oder sonst einem Lied, das die Kinder besonders mögen), das von der ganzen Klasse vorgetragen wird. (Karaoke-CD der Lindgren-Lieder als möglicher Hintergrund)
– Interview mit Astrid Lindgren: Ein Schüler spielt den Reporter, einer Astrid Lindgren; verwendet werden die Fragen und Antworten, die sich die Schüler ausgedacht haben (man kann diese auch mit den Quizfragen ergänzen)
– Herumführen der Eltern, Quiz und Ratespiel; Eltern und Kinder essen die selbst gebackenen Zimtschnecken;
– Aufführen des Theaterstückes
– Abschluss: Die Klasse trägt noch ein besonders bekanntes Lied vor, das die Eltern auch mitsingen können.
– Zum Abschied bekommen die Eltern dann von ihren Kindern das selbst gebastelte Lesezeichen überreicht.

Ein kurzes Theaterstück rund um Astrid Lindgren

Dämmeriges Zimmer mit Schreibtisch (darauf eine alte Schreibmaschine, eine Tischleuchte und furchtbar viele beschriebene Zettel) und Fenster (mit einer Folie mit dem Overhead an die Wand projiziert; gibt auch das indirekte Licht) Astrid (sitzt in ihrer Stockholmer Wohnung am Schreibtisch, blickt gedankenverloren aus dem Fenster und seufzt):
Was mache ich nur in dieser Stadt? Hier ist irgendwie alles falsch. Ich sehne mich so nach meiner Kindheit zurück. Auf unserem Bauernhof war alles sonnig und fröhlich.
Rumpelwicht (linst hinter einem Schreibtischbein zu Astrid hoch und flüstert):
Wiesu tut sie su?

Energisches Klingeln an der Wohnungstür. Der Rumpelwicht versteckt sich unter dem Schreibtisch.
Astrid (fährt erschrocken hoch): Ach, du liebe Güte, den Reporter hatte ich ja völlig vergessen!
(Sie knipst das große Licht an. Dann eilt sie an die Tür und öffnet):
Herzlich willkommen, Herr Reporter! Kommen Sie doch herein.
(stutzt) Nanu, Sie sind aber noch sehr jung!
Kind tritt ein: Nein! Ich bin schon zehn Jahre alt und groß! Und meine Eltern sind extra mit mir aus Deutschland nach Stockholm gekommen, damit ich Sie besuchen kann!
Astrid (schmunzelnd): Da fühle ich mich aber geehrt! Was darf ich dem Herrn denn zu trinken anbieten? Kakao oder Apfelsaft?
Reporter: Oh, Kakao ist prima! *(setzt sich auf Astrids Sofa, während diese ihm eine Tasse Kakao einschenkt)*
Vielen, vielen Dank, Frau Lindgren, dass Sie sich die Zeit nehmen, um die Fragen von uns Kindern zu ihren Büchern zu beantworten *(winkt mit einer ziemlich dicken Pergamentrolle).*

Astrid setzt sich zu dem Reporter auf die Couch. Der Rumpelwicht streckt neugierig die Nase unter dem Schreibtisch hervor und wird prompt entdeckt.
Reporter (erschrickt): Was, was ist denn das?
Rumpelwicht (empört): Pfui, pfui!
Astrid (verblüfft): Na so was, wie kommt denn ein Rumpelwicht in meine Wohnung?
(wendet sich dem Wicht zu): Du gehörst doch in den Mattiswald! Was machst du denn hier?
Rumpelwicht (sanft): Astrud trurig! Pfui, pfui! Rumpel helfen!
Reporter (mischt sich ein): Cool! Ein echter Rumpelwicht! Und ich dachte, diese Wichte gibt es nicht wirklich! *(seine Aufmerksamkeit wieder auf Astrid Lindgren lenkend)*
Sie sind traurig, Frau Lindgren?
Astrid (abwinkend): Ach nein, ich musste nur an meine schöne Kindheit denken. Wie glücklich war ich doch, wenn ich den ganzen Tag mit meinem Bruder Gunnar in der Scheune vom Balken springen konnte oder in den Eulenbaum kletterte, um den jungen Eulenkindern zuzusehen.

Pippi (kommt lauthals singend durch die Wohnungstür, dann geht sie wieder): Hier kommt die Pippi Langstrumpf …
Chor im Hintergrund singt mit.

Astrid: Hol mich doch der Knös! Ist denn heute die ganze Welt verrückt geworden?
Rumpel: Pfui, pfui!

Reporter: Das war ja Pippi! Unglaublich! Mit Pippi sind Sie doch berühmt geworden! Wie ist diese Geschichte entstanden? Erzählen Sie doch! Bitte!
Astrid (lacht): Oh je, nicht schon wieder! Ich komme mir langsam dumm vor, immer und immer wieder diese Geschichte zu erzählen, aber trotzdem: 1941 lag meine Tochter Karin krank im Bett, und eines Abends sagte sie zu mir: „Erzähl mir was von Pippi Langstrumpf." Es war ein Name, der ihr gerade in diesem Augenblick durch den fieberheißen Kopf geschossen war. Ich tat ihr den Gefallen und dachte mir eine närrische Range aus, die zu dem Namen passen konnte, und musste bald entdecken, dass uns eine Pippi ins Haus geschneit war, die wir nicht wieder loswerden konnten.

Kalle Blomquist (kommt mit einer Lupe auf dem Boden kriechend herein)
Kalle: Ich werde ihn finden! Ich werde den Mörder stellen, so wahr ich Meisterdetektiv Kalle Blomquist bin! *(kriecht mit der Lupe bis vor Astrids Füße und schaut langsam an ihr hoch):* Wer sind Sie denn? *(richtet sich auf und streckt ihr die Hand entgegen):* Ich bin Meisterdetektiv Kalle Blomquist, zu Ihren Diensten!
Astrid (nimmt lachend die ausgestreckte Hand in ihre beiden Hände): Ja, aber Kalle! Was für eine Ehre! Natürlich kenne ich dich!
Kalle (sehr stolz): Dann bin ich also auch schon in Stockholm berühmt!
Astrid (tätschelt liebevoll seine Hand): Ach, Kalle, ganz sicher, aber ich kenne dich schon so lange! Ich habe dich schließlich erfunden! Ich wünsche dir viel Glück beim Lösen deines neuen Falles! Ich bin sicher, du wirst es wieder schaffen!
(Kalle verneigt sich und geht ab.)
Rumpel (den alle schon ganz vergessen haben): Wiesu denn bluß?

Chor: Kalle Blomquist, der Meisterdetektiv

Reporter (strahlt): Ist ja irre! Gibt es Kalle wirklich? Ich hab von ihm gelesen! Er hat drei richtig spannende Fälle gelöst!
Astrid (strahlt auch): Tja, bis heute dachte ich auch, dass er nur ausgedacht ist. Aber gerade eben sah er ziemlich lebendig aus. Und du hast alle drei Bücher von Meisterdetektiv Blomquist gelesen? Welches hat dir denn am besten gefallen?
Reporter: Oh, ich kann mich nicht entscheiden! Am gruseligsten fand ich jedenfalls, als Eva-Lotte die Leiche gefunden hat und danach gleich auch noch dem Mörder begegnet! Sie und die anderen sind ganz schön mutig! Ich wünschte, ich wäre auch so mutig und schlau! *(studiert seine Pergamentrolle)* Wie sind Sie denn darauf gekommen, Krimis für uns zu schreiben?
Astrid: Nun, ich habe einmal einen Kriminologen kennengelernt, also einen Mann, der Verbrechen und was dahinter steckt erforscht. Er hat mir viel beigebracht und so wollte ich unbedingt auch einmal einen Krimi schreiben.

Die Tür fliegt krachend auf. Michel kommt mit seiner Müsse und seiner Büsse hereingestürmt, schaut sich panisch um und kriecht dann zum Rumpelwicht unter den Schreibtisch. Im Gang hört man laute Schreie.
Michels Vater (humpelt mit einer Mausefalle am Zeh herein und schreit aus Leibeskräften): Micheeeel! Wo steckt der Bengel nur? Micheeeel! *(Dann entdeckt er die beiden auf dem Sofa und nimmt hektisch seine Mütze vom Kopf):* Verzeihung, ich, äh, ich suche meinen Sohn! Er hat mir dieses Ding hier *(deutet auf die Mausefalle)* verpasst.
Rumpelwicht *(sehr leise zu Michel):* Pfui, pfui.
Astrid *(schüttelt lächelnd den Kopf und zwinkert Michel unter dem Tisch heimlich zu):* Tut mir leid, Herr Svensson, ich habe Ihren Michel leider nicht gesehen.

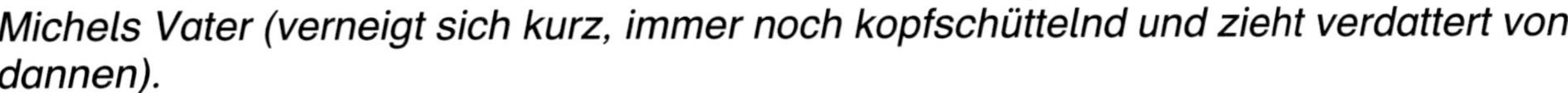

Michels Vater *(starr vor Schreck):* Aber, aber, woher wissen Sie denn, wer ich bin! Und woher kennen Sie meinen Michel?
Astrid (lächelt milde): Es wäre schrecklich, wenn ich Sie beide nicht kennen würde! Meinem Leben würde etwas sehr Wichtiges fehlen!
Michels Vater (verneigt sich kurz, immer noch kopfschüttelnd und zieht verdattert von dannen).
Michel (kriecht unter dem Sofa hervor und gibt Astrid einen dicken Kuss auf die Wange): Ich weiß zwar nicht, wer Sie sind, aber eines steht fest, Sie sind schwer in Ordnung.
Astrid (kneift Michel liebevoll in die Wange): Schön, dass du mich mal besucht hast! Aber jetzt lauf, bevor dein Vater zurückkommt.
Michel (zieht entschlossen seine Müsse in die Stirn, richtet seine Büsse nach vorne und schleicht von dannen).
Lied vom Chor: Michel war ein Lausejunge

Reporter (klatscht in die Hände): Frau Lindgren! Frau Lindgren! Das war Michel aus Lönneberga! Die Mütze und das Holzgewehr hat er von Alfred bekommen! Oje, hoffentlich erwischt ihn sein Vater nicht doch noch! Wie kommt er denn nach Stockholm? Eigentlich wohnt er doch auf Katthult oder besser gesagt im Schuppen, weil er ständig etwas anstellt und sein Vater wütend auf ihn wird! Wahnsinn! Dass es den auch wirklich gibt!
Astrid: Den Michel habe ich nicht ganz erfunden wie Kalle. Mein Vater war das Vorbild für Michel. Was er in seiner Kindheit erlebt hat, habe ich in den Michel-Geschichten aufgeschrieben.
Reporter: Auf Schwedisch heißt Michel aber nicht Michel, sondern Emil. Warum heißt er dann bei uns in Deutschland nicht auch Emil.
Astrid: Weil ihr schon so einen berühmten Emil habt!
Reporter (geht ein Licht auf): Ah, ich weiß! Emil und die Detektive!
Astrid (nickt anerkennend): Du bist aber wirklich schlau!

Die Tür geht auf und herein wälzen sich zwei ineinander verkeilte, kämpfende Männer. Der Reporter lässt sich erschrocken aufs Sofa zurückfallen.
Mattis (Borka am Ohr ziehend): Du wirst schon sehen, du Hosenschisser, dass ich Räuberhauptmann werde!
Borka (Mattis an den Haaren packend): Ha, du Hundsfott und Räuberhauptmann werden? Das kannst du vergessen!
Sie kullern beim Kämpfen vor Astrids Füße.
Mattis (rappelt sich auf und zeigt mit dem Finger bedrohlich auf Astrid): Du, sag diesem Otterngezücht von einem Borka, dass er sich zum Donnerdrummel scheren soll und dass ich, Mattis, der stärkste Räuberhauptmann in den Bergen und Wäldern bin!
Rumpelwicht: Pfui, pfui! Wiesu tun sie su?
Astrid (lacht wieder): Oh Mattis, hör lieber auf deine Tochter Ronja! Und auf Glatzen-Per! Vertrag dich endlich mit Borka! Oder willst du, dass die Landsknechte euch kriegen?
Mattis und Borka (starren beide wie vom Donner gerührt auf Astrid): Was? Wie?
Astrid: Versöhnt euch endlich, ihr Dickschädel!
Mattis und Borka (gleichzeitig): Scher dich zum Donnerdrummel, du Hosenschisser! *(und an Astrid gerichtet) Und du auch, wer immer du auch sein magst! (und dann verschwinden sie schnell).*
Rumpelwicht (kichert): Huben Ungst gehubt, die Kerle! Huhu!
Reporter (lacht): Ja, die hatten wohl Angst! – Aber ich nicht! Ich finde Mattis total cool!

Und Birk erst! Ich würde auch gerne mal in einer Bärenhöhle leben! Obwohl – vielleicht ist das auch ganz schön hart! Birk und Ronja wären erfroren, wenn sie in der Höhle überwintert hätten.
Astrid (nickt): Ja, gut dass Mattis die beiden heimgeholt hat. Und ich glaube, für dich wird es jetzt auch Zeit. Es ist schon spät und deine Mama wartet sicher schon auf dich im Hotel!
Reporter (traurig seine Rolle aufrollend): Schade, ich hatte noch so viele Fragen! *(sich fassend):* Aber ich habe schon so viel erfahren und außerdem bin ich so froh, dass ich Sie kennenlernen durfte! *(steht auf und umarmt Astrid)*
Astrid (bringt ihn zur Tür): Ganz meinerseits, mein Herr!
Reporter geht ab.
Astrid (schmunzelt in sich hinein und wendet sich dann an den Rumpelwicht): Na, mein Kleiner, ich glaube, auch für dich wird es Zeit, nach Hause zu gehen! Deine Mama macht sich sicher auch schon Sorgen! Aber es war sehr schön, dass du da warst! *(Astrid zieht den Rumpel unter dem Tisch hervor und begleitet auch ihn an die Tür.)*
Rumpel: Tschuss, tschuss und sui nücht mehr trurig! Gute Nucht!
Astrid (schließt die Tür): Nein, nein, ich bin nicht mehr traurig! Ihr habt es alle geschafft, mich aufzuheitern! Ich werde nun auch zu Bett gehen. Schließlich ist morgen früh um vier die Nacht zu Ende. Da darf ich dann endlich wieder schreiben! Diesen Tag muss ich festhalten, er war doch zu ungewöhnlich! *(wendet sich zum Publikum):* Gute Nacht! *(dann löscht sie das große Licht und geht ab).*

Chor: Schlaft alle

Tipp:

Falls im Theaterstück noch mehr Rollen benötigt werden, kann man aus dem einen Reporter auch mehrere machen.

Lösungen

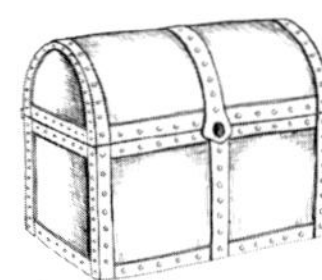

Lösung zu „Hier liegt Vimmerby“, S. 70

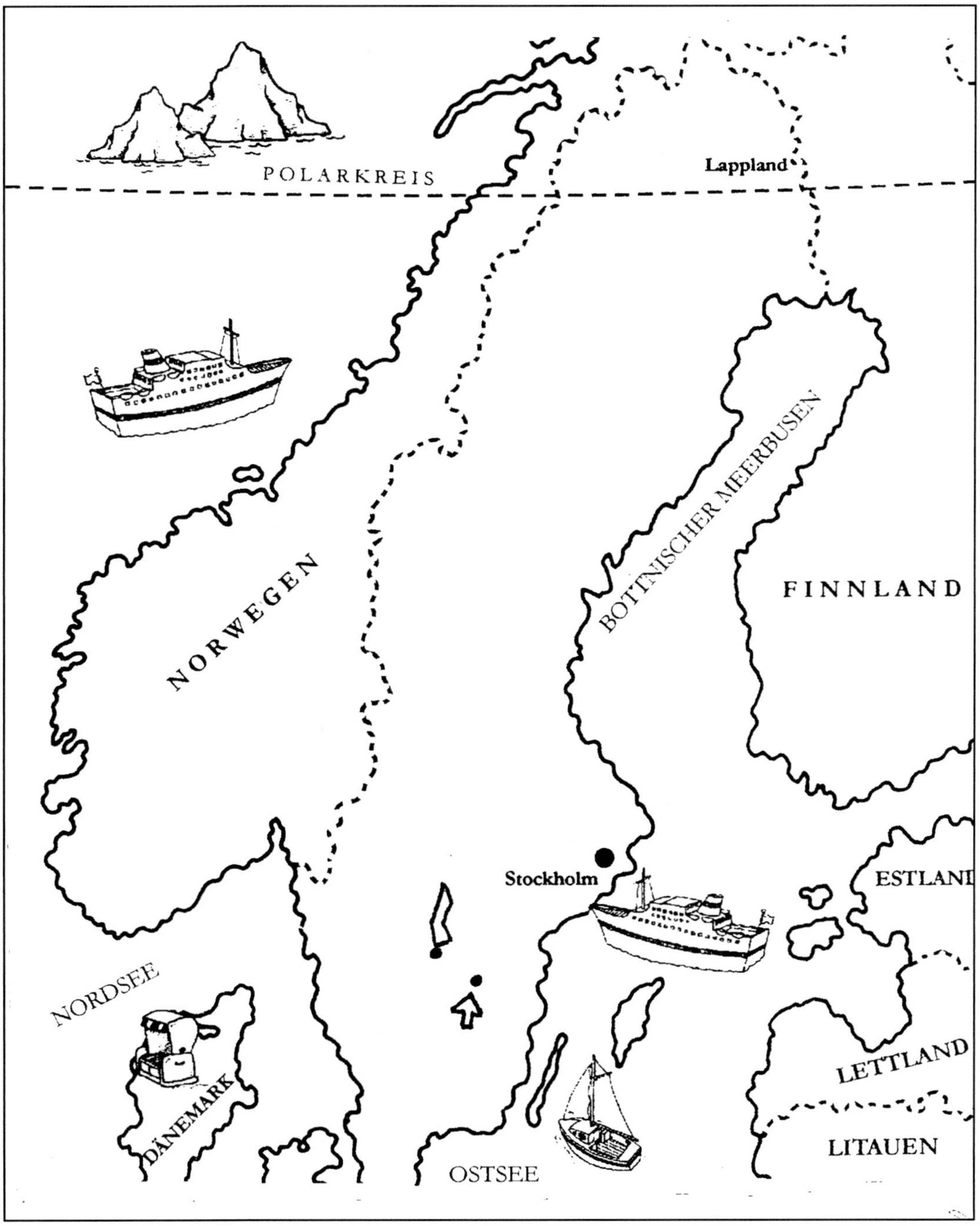

POLARKREIS
Lappland
NORWEGEN
BOTTNISCHER MEERBUSEN
FINNLAND
Stockholm
ESTLAND
NORDSEE
DÄNEMARK
LETTLAND
LITAUEN
OSTSEE

Lösung zu „Astrids Fotoalbum“, S. 71, 73

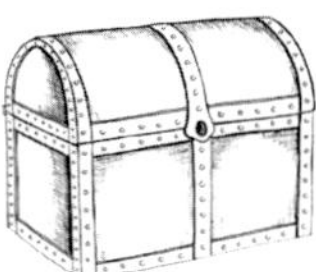

Das rote und das gelbe Haus auf Näs

Näs – die Veranda des roten Hauses

Der Eulenbaum

Die Villa von Maditas Eltern

Astrids Stockholmer Wohnung (die drei rechten, unteren Fenster)

Astrids Grabstein in Vimmerby – Der Stein stammt von einer Kuhweide von Näs

Lösung zu „Astrids Bücher“, S. 72, 73

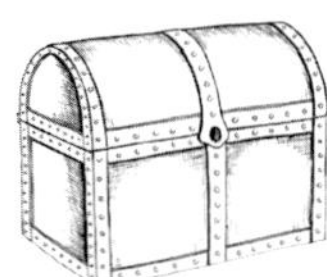

Katthult – Michels Zuhause

Michels Weide mit Gattertor

Kalle Blomquists Heim

Ronjas Wald mit Weißmoos

Die Idee zu Brüder Löwenherz – Das Kreuz der Brüder Phalen

Pippi heißt euch in Vimmerby willkommen!

Lösung zu „Quiz zu Astrid Lindgren“, S. 76

Antworten
In Näs, einem Hof Nahe der Kleinstadt Vimmerby
Samuel August und Hanna
Vier
Gunnar
Sie sprangen vom höchsten Balken ins Heu.
Eulenbaum
Aufgabe ist es, einmal im Kreis durch ein ganzes Zimmer zu klettern, ohne den Fußboden zu berühren.
Gunnar und Astrid haben bei der Heuernte immer zwei verschiedene Gatter bewacht. Wenn eine Fuhre vorbeikam, haben sie das Gatter geöffnet und für den anderen einen Brief in die Heufuhre gesteckt.
Astrid hat das Wort erfunden für eine Zeichnung ihres Bruders Gunnar.
Buchstaben, die ein Kind noch nicht lesen kann.
Madita
Am liebsten kletterten sie auf Bäume und Hausdächer.
Sie fand sie langweilig, weil sie kratzige Wollsocken anziehen musste, in der Kirche nichts verstand und die Sonntagsschule besuchen musste.
Das Märchen vom Riesen Bam-Bam und der Fee Veribunda
In Kristins Küche
Dass der Lehrer ein Kind, das etwas angestellt hatte, mit einem Stock schlagen durfte.
Weil sie schon um neun Uhr dort waren, der Teufel aber erst um Mitternacht Spukstunde hat.
In Stockholm
Sie hatte zwei Kinder. Ihre Namen waren Lars (Lasse) und Karin.
Astrids Tochter Karin, als sie mit einer Grippe im Bett lag.
Sie rutschte im Park auf dem Eis aus und verstauchte sich den Fuß. Weil sie nun das Bett hüten musste und ihr langweilig war, schrieb sie die Geschichte von „Pippi“ auf.
Ronja, Madita, Michel, Kalle Blomquist

Lösung zu „Ratespiel: Wie gut kennst du Astrid Lindgren?“, S. 77

1b, 2a, 3a, 4b, 5a, 6a, 7a, 8b, 9b, 10b

Ronja Räubertochter – literarischer Teil

Astrid Lindgrens „Ronja Räubertochter" (Originaltitel: Ronja Rövardotter)

Inhalt des Buches:

Ronja wird in einer furchtbaren Gewitternacht als Tochter des Räuberhauptmanns Mattis und dessen Frau Lovis geboren. Unbeschwert wächst sie auf der Mattisburg unter den Mattisräubern auf, ohne eine Ahnung vom Beruf des Vaters zu haben. Mit elf Jahren begegnet sie Birk, dem Sohn des Räuberhauptmannes Borka, dem Erzfeind von Mattis. Zwischen den beiden entwickelt sich eine heimliche Freundschaft. Als Mattis Birk entführt, um Borka zu schaden, muss Ronja Stellung beziehen und entscheidet sich für Birk. Daraufhin ziehen die beiden in den Wald in eine Bärenhöhle, da sie die eisige Atmosphäre daheim nicht mehr ertragen können. Nach vielen Wochen des Mitsich-Ringens entschließt sich Mattis, die Freundschaft der beiden zu akzeptieren. Es kommt zudem auch zur Versöhnung der beiden verfeindeten Räuberbanden, die von nun an gemeinsam ihren Wald gegen die einfallenden Landsknechte verteidigen. Die Geschichte endet mit dem Entschluss der beiden Kinder, niemals selbst Räuber zu werden und lieber in der Bärenhöhle in Frieden und Freiheit mit der Natur zu leben.

Zur Interpretation:

Anlässlich der Verleihung des „Friedenspreises des deutschen Buchhandels" 1978 schrieb Astrid Lindgren eine ihrer bekanntesten Reden „Niemals Gewalt". In ihrem Buch „Ronja Räubertochter" setzt sie diese Forderung 1981 literarisch um. Es ist ihr letztes großes Werk, das mit „Mio, mein Mio" und den „Brüdern Löwenherz" zusammen die Trilogie ihrer berühmten Märchenromane darstellt. Gerade in dem Dunkelvolk, das Lindgren mit den Graugnomen, den Wilddruden, den Dunkeltrollen, den Rumpelwichten und den Unterirdischen so eindrucksvoll beschreibt, spiegelt sich diese Gattung deutlich wider.
Doch ist dieses Buch nicht ein reines **Märchen**, sondern vielmehr eine geniale Mischung vieler Gattungen.
Eine Gattung ist die des **Mädchenromans**. Allerdings tritt sie hier nicht im herkömmlichen Sinn auf, sondern eher als Gegenentwurf. Das Mädchen in Lindgrens Roman, das typischerweise in einem Mädchenroman die Protagonistin ist, erfüllt in keiner Form die Ideale des gut erzogenen, fügsamen Mädchens aus den Romanen des ausgehenden 19. Jahrhunderts (als Beispiel sei hier der bekannte Roman „Der Trotzkopf" genannt), sondern ist eine freiheitsliebende, selbstständige Figur, die einmal anstelle des Haushaltes eine Räuberbande leiten soll.
Weiterhin steckt auch die Thematik des **Räuberromans** darin, aber auch hier wieder eher im antithetischen Sinn. Lindgren verherrlicht nicht wie in einem traditionellen Räuberroman das Leben der Räuber, sondern stellt dessen Ende durch die nächste Generation in Aussicht. Zudem beleuchtet Lindgren die Problematiken, die ein Räuberleben mit sich bringt, ohne dabei Kämpfe und Raubzüge direkt zu beschreiben.
Klar zu erkennen sind darüber hinaus zwei weitere Gattungen: Die **Robinsonade**, nur dass der Schauplatz einer Insel durch den der Bärenhöhle ersetzt wird. Und natürlich die Gattung des **Liebesromans**. Die Geschichte von Ronja und Birk ähnelt in ihrer Ausgangssituation den verfeindeten Familien von Romeo und Julia, mit dem entscheidenden Unterschied des Happy Ends. Der Leser erfährt von der Versöhnung der beiden Familien, ohne dass es zu einer Katastrophe kam. Zudem erhält er den Hinweis auf eine positive Zukunft des „Paares".
Betrachtet man die Figur der Ronja genauer, zeichnet sich eine Entwicklung ab, die die Protagonistin des Buches durchmacht. Von einer ihren Vater liebenden und verehrenden Tochter zu einer Jugendlichen, die ihre eigene Meinung zum Thema Rauben und Freundschaft entwickelt und dafür auch einsteht – ein Kennzeichen für den **Entwicklungsroman**.

(nach: Bettina Kümmerling-Meibauer: Klassiker der Kinder- und Jugendliteratur. Ein internationales Lexikon, 3 Bände, Metzler Verlag, Stuttgart 2004, S. 643 f.)

Aufbau der Sequenz zum Buch „Ronja Räubertochter“:

1) Lesebegleitheft zum Buch
2) Vertiefende Stunden zu den wichtigsten Themenschwerpunkten
3) „Ronja-Schatzkiste“

Der erste Teil der Ronja-Sequenz ist ein **Lesebegleitheft**, das die Schüler parallel zur Lektüre bearbeiten können.
Zu jedem der achtzehn Kapitel gibt es eine Seite im Begleitheft.
Das Leseheft bietet neben Verständnisfragen auch kreative Verarbeitungsformen zum Buch, wobei darauf geachtet wird, dass sie das Verständnis vertiefen und ausbauen.
Die **vertiefenden Stunden** greifen die wichtigsten Schwerpunkte des Buches auf. Kreativ und handlungsorientiert dringen die Schüler in die Inhalte des Buches noch tiefer ein.
In der **ersten Schwerpunktstunde** wird der **Tagesablauf von Ronja** mit dem der Schüler verglichen. So beschäftigen sich die Schüler nicht nur mit der Andersartigkeit der Welt, in der Ronja aufwächst, sondern sie grenzen ihre eigene Erfahrungswelt gegenüber der von Ronja ab.
Die **zweite Stunde** betrachtet eingehender den **wahren Grund der Feindschaft** zwischen den Räuberbanden. Die Schüler sollen u. a. durch Rollenspiele herausfinden, dass die Feindschaft aus keinem realen, aktuellen Anlass besteht, sondern dass sie ererbt ist und somit eigentlich hinfällig sein könnte.
Diese ererbte Feindschaft stellt das Tableau für die **Freundschaft von Birk und Ronja** dar, welche in der **dritten Stunde** erarbeitet werden soll. Die anfängliche Sympathie kann durch diese Feindschaft nicht problemlos zu einer Freundschaft werden. Wahre „Höllenschlünde“ tun sich auf. Im Laufe der Stunde soll erarbeitet werden, dass aktuelle, reale Anlässe (eben die des Lebensrettens) trotz der schwierigen Ausgangssituation eine Freundschaft zwischen den beiden Kindern entstehen lassen.
Der Schwerpunkt der **vierten Stunde** liegt dann auf der Erkenntnis Ronjas, dass die Freundschaft nicht länger geheim bleiben kann, sondern dass sie **Stellung beziehen** muss. Entscheidet sie sich für Birk und die Freundschaft, bedeutet das gleichzeitig eine Entscheidung gegen Mattis und führt damit einen Bruch mit dessen Traditionen herbei.
Der **Auszug in die Bärenhöhle** ist dann die Konsequenz dieser Entscheidung, die die beiden gemeinsam tragen müssen und mit der sich die Kinder in der **fünften Stunde** auseinandersetzen.
Den Abschluss bilden in der **sechsten Stunde** die unterschiedlichen Ansichten über die **Zukunft von Ronja und Birk**. Die beiden Kinder lassen sich nicht in ihrer Vorstellung über eine Zukunft ohne Räuberei beirren, was einen endgültigen Bruch mit der Tradition des Räuberdaseins und eine Entscheidung für ein Leben in Frieden mit Mensch und Tier zur Folge hat.
Im dritten Teil der Sequenz, der **„Schatzkiste Ronja“**, wird dem Lehrer Zusatzmaterial zur Verfügung gestellt.
Wie im Lindgren-Teil bietet es sich auch hier an, die Arbeitsblätter und Ergebnisse in einem **besonderen Heft** oder einen separaten Mappe zu sammeln.

Viel Spaß beim Stöbern und Basteln!

Tipp:

Falls in der Klasse einige Schüler mit dem Umfang des Buches überfordert sein sollten, gibt es bei Cornelsen aus der Reihe „einfach lesen“ ein Begleitheft zu Ronja Räubertochter, in dem der Text gekürzt abgedruckt ist.

Hauptfiguren und Schauplätze

1. Vergleich Ronjas Tagesablauf / Lernprozess – Mein Tagesablauf / Lernprozess (zu Kapitel 1–2)

Ziel:

Die Schüler sollen
- sich besser in Ronjas Leben hineinversetzen können.
- verstehen, dass sie andere Lernprozesse durchlaufen muss, weil sie eine Räubertochter ist.

Benötigte Materialien:

Bild Ronja, (Bild Waldlandschaft = Foto aus Fotoalbum Lindgren), AB Mein Tagesablauf – Ronjas Tagesablauf

Einstieg L: Überlege dir, wie dein Tagesablauf an einem gewöhnlichen Schultag aussieht.	Aufschreiben von Stichpunkten Sammeln der verallgemeinerten Tagesablaufspunkte an der Tafel
Erarbeitung Stummer Impuls: Ronja (falls noch Denkanstoß nötig: Bild von Waldlandschaft) Schüler suchen heraus, wie Ronjas Tag abläuft. Tipp: Beginn von Kapitel 2 als Hilfe	Bildkarte Ronja Sammeln der Tagesablaufpunkte eines gewöhnlichen Tages von Ronja an der Tafel
L: Du darfst jetzt einmal deinen Tag mit dem von Ronja vergleichen. Schüler vergleichen Tagesabläufe und finden die Unterschiede heraus. L: Sicher fällt dir etwas auf. Schüler erkennen, dass sie nur wenige Gemeinsamkeiten haben.	Unterschiede kann man an der Tafel farblich kennzeichnen
L: Woran könnte dieser unterschiedliche Tagesablauf liegen? Schüler: Grund: Ronja ist eine Räubertochter und hat deshalb einen anderen Tagesablauf.	Fixieren der Erkenntnis an der Tafel
L: Als Räubertochter lernt sie auch nicht wie ihr lesen, schreiben und rechnen, sondern ganz andere Dinge. Schüler finden Punkte heraus, die Ronja lernen muss.	Fixieren der Punkte an der Tafel
Vertiefung Vertiefender Impuls: Du lernst ganz andere Sachen. Damit kannst du später einen Beruf ergreifen. Schüler denken über ihre Zukunft nach. Oder: Ronja wird nie eine Schule besuchen. Hast du vielleicht eine Idee, was sie später einmal werden könnte.	Festhalten der Ideen an der Tafel

Mögliche Tafelanschrift

<table>
<tr><th>Mein Tagesablauf</th><th>Ronjas Tagesablauf</th></tr>
<tr><td>Morgens: Aufstehen, frühstücken, in die Schule gehen</td><td>Morgens: Aufstehen, frühstücken, in den Wald gehen (sich hüten und üben)</td></tr>
<tr><td>Mittags: Nach Hause gehen, Mittagessen daheim</td><td>Mittags: im Wald bleiben, mitgebrachtes Essen verzehren</td></tr>
<tr><td>Nachmittags: Hausaufgaben, spielen, Treffen mit Freunden</td><td>Nachmittags: im Wald bleiben (sich hüten und üben)</td></tr>
<tr><td>Abends: Abendessen und schlafen gehen, evtl. lesen oder Gute-Nacht-Geschichte hören</td><td>Wenn es dunkel wird: Nach Hause gehen, Abendessen mit den Räubern, schlafen gehen, Wolfslied</td></tr>
<tr><td colspan="2">Ronjas Tag läuft anders ab, weil sie eine Räubertochter ist.
Ronja muss lernen, sich vor Wilddruden, Graugnomen, Borkaräubern zu hüten. Sie muss sich davor hüten, sich zu verirren, in den Fluss zu plumpsen und in den Höllenschlund zu fallen.</td></tr>
</table>

So lebt Ronja

So verbringe ich meinen Tag	So verbringt Ronja ihren Tag
Morgens:	Morgens:
Mittags:	Mittags:
Nachmittags:	Nachmittags:
Abends:	Abends:

Ronja muss lernen

2. Dem Grund der Feindschaft zwischen den Räuberbanden auf der Spur (zu Kapitel 4)

Ziel:

Die Schüler sollen
- erkennen, dass die Feindschaft der beiden Räuberbanden nicht auf gegenseitiger Abneigung beruht, sondern auf „vererbtem" Hass.

Benötigte Materialien:

Bild Mattis, Bild Borka, Farbkarten, Sprechblasen, vorgefertigte Sprechblase

Einstieg Bildimpuls: Mattis und Borka Schüler erzählen ihr Wissen über die beiden Männer.	
Erarbeitung L: Mattis und Borka waren nicht von Anfang an Feinde. Schüler: Als Kinder haben sie zusammen Ratten gefangen. L: Was hat ihre Freundschaft zerstört? Schüler: Mattis Vater hat ihnen verboten, miteinander zu spielen. L: Was könnte Mattis Vater zu den beiden gesagt haben? L: Welchen Grund genau hatte Mattis Vater? (Tipp: Die Lösung findest du auf Seite 14.) Schüler: Er wollte nicht, dass sie miteinander spielen, weil sie verfeindeten Räuberbanden angehören und das schon immer so war. L: Wenn sich die beiden Räuberhauptmänner nun begegnen, feinden sie sich gegenseitig an. Was könnten sie zueinander sagen? Partnerarbeit	Geführtes Unterrichtsgespräch Fixieren in einer Sprechblase an der Tafel Nachspielen der Szene Ersetzen der Sprechblase von Mattis Vater durch die mit dem wahren Grund Mögliche Kommunikation in die Sprechblasen Fixieren des Ablaufs an der TA (Nachspielen dieser fiktiven feindseligen Begegnung)
Vertiefung L: Wenn nun Mattis Vater nie eingegriffen hätte, wie hätte die Geschichte weitergehen können? Schüler: Sie wären vielleicht Freunde geblieben und jetzt nicht verfeindet.	

Mögliche Tafelanschrift:

Mattis und Borka als Kinder	Eingreifen von Mattis Vater	Mattis und Borka heute
Vorstellungen der Kinder	Ja, seit Menschengedenken hatten sich die Borkasippe und die Mattissippe in den Haaren gelegen.	Du Hundsfott! Scher dich zum Donnerdrummel! Du Hosenschisser! Mögen die Landsknechte dich holen! 

Ja, seit Menschengedenken hatten sich die Borkasippe und die Mattissippe in den Haaren gelegen.

Mattis und Borka als Kinder	Eingreifen von Mattis Vater	Mattis und Borka heute
Male ein Bild aus der Kindheit der beiden.	Schreibe den richtigen Grund für die Verfeindung in die Sprechblase. Male den Vater von Mattis unter die Sprechblase.	Male Mattis und Borka auf die beiden Seiten des Höllenschlundes. Schreibe in die Sprechblasen, was sie zueinander sagen könnten. 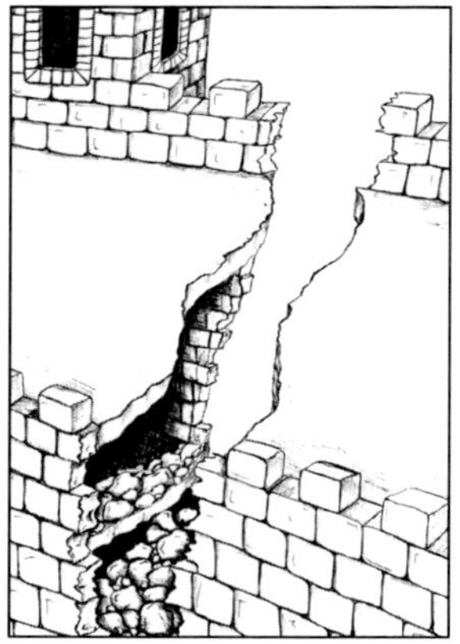

3. Entwicklung der Freundschaft zwischen Ronja und Birk (Kapitel zu 3, 4, 5)

Ziel:

Die Schüler sollen

- erkennen, dass Ronja und Birk sich von der ererbten Feindschaft lösen, indem sie sich trotzdem anfreunden.

Benötigte Materialien:

Für das Tafelbild: Bild Birk, Bild Ronja, Höllenschlund, Sprechblasen, Farbkarten, Brückenteile.
Für das Arbeitsblatt: 2x Höllenschlund, Brückenteile, Ronja und Birk in zweifacher Ausführung

<table>
<tr><td>Einstieg
Bildimpuls: Ronja und Birk am Höllenschlund
Schüler: Ronja und Birk streiten sich bei ihrer ersten Begegnung.</td><td>TA: Ronja u Birk am Höllenschlund</td></tr>
<tr><td>Erarbeitung
L: Als Ronja und Birk sich das erste Mal begegnen, beschimpfen sie sich. Schreibe ihren Streit in die Sprechblasen.
➔ 1. Arbeitsauftrag (auf Folie)

L: In deiner Gruppe darfst du dir jetzt überlegen, warum sich diese Situation ändert. Alle Jungs denken aus Birks Sicht nach, alle Mädchen aus Ronjas Sicht.
➔ Gruppe Jungen und Mädchen

L: Was beschließen sie, als sie sich im Winter im Wald voneinander trennen?
➔ 2. Arbeitsauftrag (auf Folie)

L: Vergleiche die Ausgangssituation am Höllenschlund mit der Situation im Winterwald.
Schüler: Ronja und Birk sind Freunde geworden.</td><td>TA 1 nach dem ersten Arbeitsauftrag

Anheften der Brückenbögen über den Höllenschlund

TA 2 nach dem letzten Arbeitsauftrag</td></tr>
<tr><td>Vertiefung
Nachspielen der Entwicklung</td><td>Rollenspiel</td></tr>
</table>

1. Arbeitsauftrag an die ganze Klasse:

Als Ronja und Birk sich das erste Mal begegnen, beschimpfen sie sich. Schreibe ihren Streit in die Sprechblasen.
Tipp: Falls du dich nicht mehr genau erinnern kannst, schau auf Seite 33/34 nach.
Wähle eine Farbe aus den Farbkarten aus, die ihre Gefühle füreinander darstellt.

Gruppenarbeit:

Gruppe „Jungen":

Finde heraus, warum sich Birks Meinung über Ronja ändert.
Tipp: Falls du dich nicht mehr genau erinnern kannst, schau auf Seite 40 nach.
Schreibe den Grund auf die Brücke.

Gruppe „Mädchen":

Finde heraus, warum sich Ronjas Meinung über Birk ändert.
Tipp: Falls du dich nicht mehr genau erinnern kannst, schau auf Seite 61 und 78 nach.
Schreibe den Grund auf die Brücke.

2. Arbeitsauftrag an die ganze Klasse:

Die beiden Streithähne haben ihre Meinungen geändert. Birk schon eher als Ronja. Was beschließen sie, als sie sich im Winterwald voneinander trennen?
Tipp: Falls du dich nicht mehr genau erinnern kannst, schau auf Seite 80 nach.
Wähle eine Farbe aus den Farbkarten aus, die ihre Gefühle füreinander darstellt.

Lösung zu

1. Arbeitsauftrag:	Gruppe „Jungen":	Gruppe „Mädchen":	2. Arbeitsauftrag:
„Hosenschisser"… Farbe: schwarz, braun	Weil Ronja Birk am Höllenschlund das Leben rettet.	Weil Birk Ronja vor den Unterirdischen und vor dem Erfrieren rettet.	Wollen Geschwister sein Farbe: rot, gelb

Tafelbild nach 1:

Tafelbild nach 2:

Freundschaft von Ronja und Birk

1. Begegnung am Höllenschlund

Nachdem sie sich gegenseitig das Leben gerettet haben

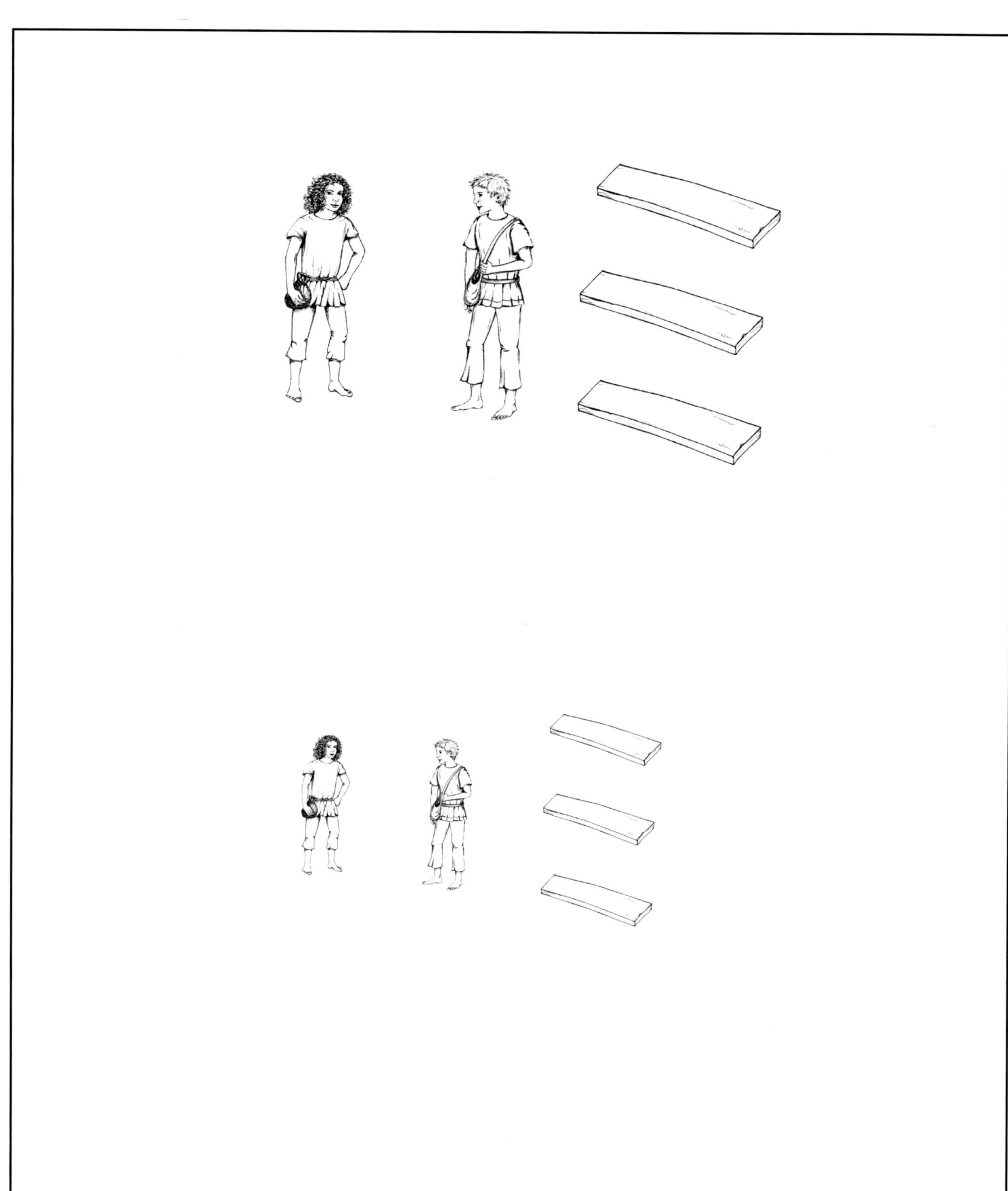

4. Ronjas Konflikt am Höllenschlund (zu Kapitel 9)

Ziel:

Die Schüler sollen

- nachvollziehen, dass Ronjas Entscheidung für Birk gleichzeitig eine Entscheidung gegen ihren Vater ist.

Benötigte Materialien:

Sprechblasen, Herz blanko, 1 Herz mit Namen „Mattis“, 1 Herz mit Namen „Birk“, Bika Ronja, Mattis und Birk, (leere Gedankenblasen)

Einstieg L: Ronja hat einige Menschen sehr gern. Schüler zählen auf Stummer Impuls: Herz mit Mattis und Birk Schüler vollziehen nach, dass Ronja beide gerne hat, dass Mattis aber Birk hasst.	Herz mit Namen (z. B. Lovis, Mattis, Birk, Glatzen-Per) Herz mit den beiden Namen „Birk“ und „Mattis“
Erarbeitung L: Nun hat Mattis Birk entführt, um Borka aus der Burg werfen zu können. Sie stehen am Höllenschlund. Schüler: Ronja muss sich überlegen, was sie tun kann. L: Warum ist das so schwer? Schüler überlegen, worin der Konflikt Ronjas besteht und füllen die Sprechblasen aus. **Erkenntnis** Wenn Ronja sich für den einen entscheidet, ist dies gleichzeitig eine Entscheidung gegen den anderen. L: Ronja fasst einen Entschluss. Schüler: Sie springt. Also entscheidet sie sich für Birk (und gegen Mattis). (Was könnte Birk / Mattis in diesem Augenblick gedacht haben?)	Sprechblasen mit Einleitungssatz Symbol „Herz“ teilen (Leere Gedankenblasen)
Vertiefung Stell dir vor, du wärst an Ronjas Stelle gewesen. Was glaubst du, wie hättest du dich entschieden und warum?	

Wenn ich springe, wird Mattis

Wenn ich nicht springe, wird Birk

Ronjas Entscheidung am Höllenschlund

5. Leben in der Bärenhöhle (zu Kapitel 10, 11,12)

Ziel:

Die Schüler sollen
- sich das Leben in einer Bärenhöhle verdeutlichen

Einstieg L: Sieh dir das Bild in deinem Ronja-Buch auf Seite 142 an. Schüler: Ronja ist auf dem Weg in die Bärenhöhle. L: Sicher kannst du mir auch den Grund dafür nennen. Schüler: Sie und Birk haben es in der Mattisburg nicht mehr ausgehalten.	Bildimpuls Ronja Buch S.142/143
Erarbeitung L: Wie sieht so ein Leben in der Bärenhöhle aus? Brainstorming (auch mit Hilfe des Buches) L: Stell dir vor, du wärst an Ronjas oder Birks Stelle und würdest in einer Bärenhöhle wohnen. Du darfst darüber eine Geschichte schreiben.	Festhalten an der Tafel (s. u.) TA „Ein Tag in der Bärenhöhle“
Vorstellen der Ergebnisse L: Ich bin auf eure Geschichten gespannt. Einige können wir vorlesen. Alle werden jedoch ausgehängt, sodass ihr sie auch selber lesen könnt.	Vorlesen einiger Geschichten Aushängen aller Geschichten

Brainstorming „Leben in einer Bärenhöhle“

Bett in einer Bärenhöhle: Ziegenfell über Reisiglager, Bettdecke aus Eichhörnchenfell; Trockenes Brennholz für das Feuer; morgens ist es am kältesten;
Gerätschaften: Messer, Kübel zum Wasserholen, Armbrust, Axt, Wetzstein, kleiner Kessel, Fischfanggeräte, Schlingen zum Vogelfang
Tätigkeiten: Angeln, Schwimmen im Fluss, Zähmen und Reiten auf Wildpferden; Sich-Hüten vor Graugnomen und Wilddruden …

➔ Ausstellen der Geschichten, sodass die Schüler die Gelegenheit haben, sich die Abenteuer der anderen durchzulesen (man kann die Geschichten auch am Lindgren-Abend aushängen); danach kann jeder Schüler seine Geschichte in sein Ronja-Heft kleben.

Ein Tag in der Bärenhöhle

Stell dir vor, du wachst auf und befindest dich mitten im Mattiswald in der Bärehöhle. Ein großes Abenteuer wartet schon auf dich (und deine Freundin / deinen Freund)!

6. Die unterschiedlichen Zukunftsvorstellungen von Ronja und Birk

Ziel:

Die Schüler sollen
- erkennen, dass Ronja und Birk eine friedliche Zukunft in der Bärenhöhle einem Dasein als Räuber vorziehen.

Benötigte Materialien:

Graues und gelbes Tonpapier-Plakat, Bilder von Ronja, Birk, Mattis und Borka, Gedankenblasen, weißes DIN-A4-Papier

Einstieg Bildimpuls: Mattis/Borka auf der einen Seite Ronja/Birk auf der anderen Seite Dazwischen Woka: Zukunft Spontane Schüleräußerungen	TA
Erarbeitung L: Sowohl Mattis und Borka als auch Ronja und Birk haben Vorstellungen davon, wie die Zukunft aussehen soll. Gruppenarbeit L: Wenn ihr die Vorstellung von Mattis und Borka mit der von Ronja und Birk vergleicht, fällt euch sicher etwas auf. Schüler: Ronja und Birk ziehen ein friedliches Leben in der Bärenhöhle dem Dasein als Räuber vor.	Arbeitsaufträge Festhalten der Aussage an der TA
Vertiefung L: Astrid Lindgren hat das Buch „Ronja Räubertochter“ auch geschrieben, weil sie Gewalt selber so schlimm und traurig fand. Lest, was sie gedacht hat.	Textausschnitt aus der Rede „Niemals Gewalt!“

Mögliche Tafelanschrift:

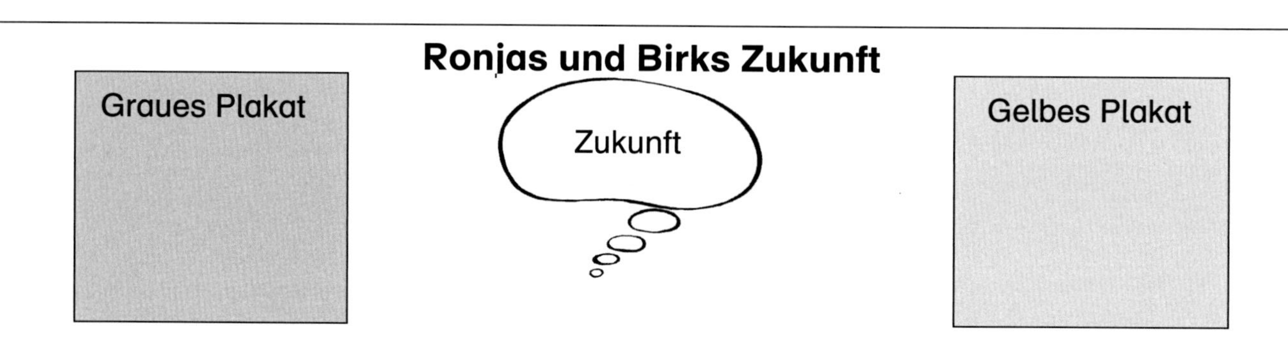

Arbeitsauftrag zu „So wollen Ronja und Birk später leben“

Benötigte Materialien:

Gelbes Plakat, Gedankenblasen, Bild von Ronja und Birk, weißes DIN-A4-Papier

1) Klebe die Bilder von Ronja und Birk in die Mitte des Plakates.
2) Male oder schreibe auf, wie sich Ronja und Birk ihre Zukunft vorstellen. Klebe die Ergebnisse auf das Plakat.
3) Überlege dir, welche Gründe Ronja und Birk dafür hatten, keine Räuber zu werden. Schreibe sie in die Gedankenblasen und klebe diese auch auf das Plakat.
4) Finde eine passende Überschrift für das Plakat. Hier einige Beispiele (falls dir nichts einfällt. Eine eigene Überschrift ist aber schöner!):
   Niemals Gewalt!
   Es geht auch anders!
   Räuberdasein ade!

Arbeitsauftrag zu „So stellen sich Mattis und Borka die Zukunft ihrer Kinder vor“

Benötigte Materialien:

Graues Plakat, Bild von Mattis und Borka, weißes DIN-A4-Papier

1) Klebe die Bilder von Mattis und Borka in die Mitte des Plakates.
2) Male oder schreibe auf, wie sich Mattis und Borka die Zukunft ihrer Kinder vorstellen. Klebe die Ergebnisse auf das Plakat.
3) Überlege dir, warum sich Mattis und Borka wünschen, dass ihre Kinder Räuber werden. Schreibe die möglichen Gründe in die Gedankenblasen und klebe diese auch auf das Plakat.
4) Finde eine passende Überschrift für das Plakat.

Niemals Gewalt!

Ganz gewiss sollen Kinder Achtung vor ihren Eltern haben, aber ganz gewiss sollen auch Eltern Achtung vor ihren Kindern haben, und niemals dürfen sie ihre natürliche Überlegenheit missbrauchen. Liebevolle Achtung voreinander, das möchte man allen Eltern und allen Kindern wünschen.

Jenen aber, die jetzt so vernehmlich nach härterer Zucht und strafferen Zügeln rufen, möchte ich das erzählen, was mir einmal eine alte Dame berichtet hat. Sie war eine junge Mutter zu der Zeit, als man noch an diesen Bibelspruch glaubte, dieses „Wer die Rute schont, verdirbt den Knaben." Im Grunde ihres Herzens glaubte sie wohl gar nicht daran, aber eines Tages hatte ihr kleiner Sohn etwas getan, wofür er ihrer Meinung nach eine Tracht Prügel verdient hatte, die erste in seinem Leben. Sie trug ihm auf, in den Garten zu gehen und selber nach einem Stock zu suchen, den er ihr dann bringen sollte. Der kleine Junge ging und blieb lange fort. Schließlich kam er weinend zurück und sagte: „Ich habe keinen Stock finden können, aber hier hast du einen Stein, den kannst du ja nach mir werfen." Da aber fing auch die Mutter an zu weinen, denn plötzlich sah sie alles mit den Augen des Kindes. Das Kind muss gedacht haben, „meine Mutter will mir wirklich wehtun, und das kann sie ja auch mit einem Stein". Sie nahm ihren kleinen Sohn in die Arme und beide weinten eine Weile gemeinsam. Dann legte sie den Stein auf ein Bord in der Küche und dort blieb er liegen als ständige Mahnung an das Versprechen, das sie sich in dieser Stunde selber gegeben hatte: „NIEMALS GEWALT!"

Dieses Lesebegeleitheft zum Buch

„Ronja Räubertochter“

von Astrid Lindgren gehört

____

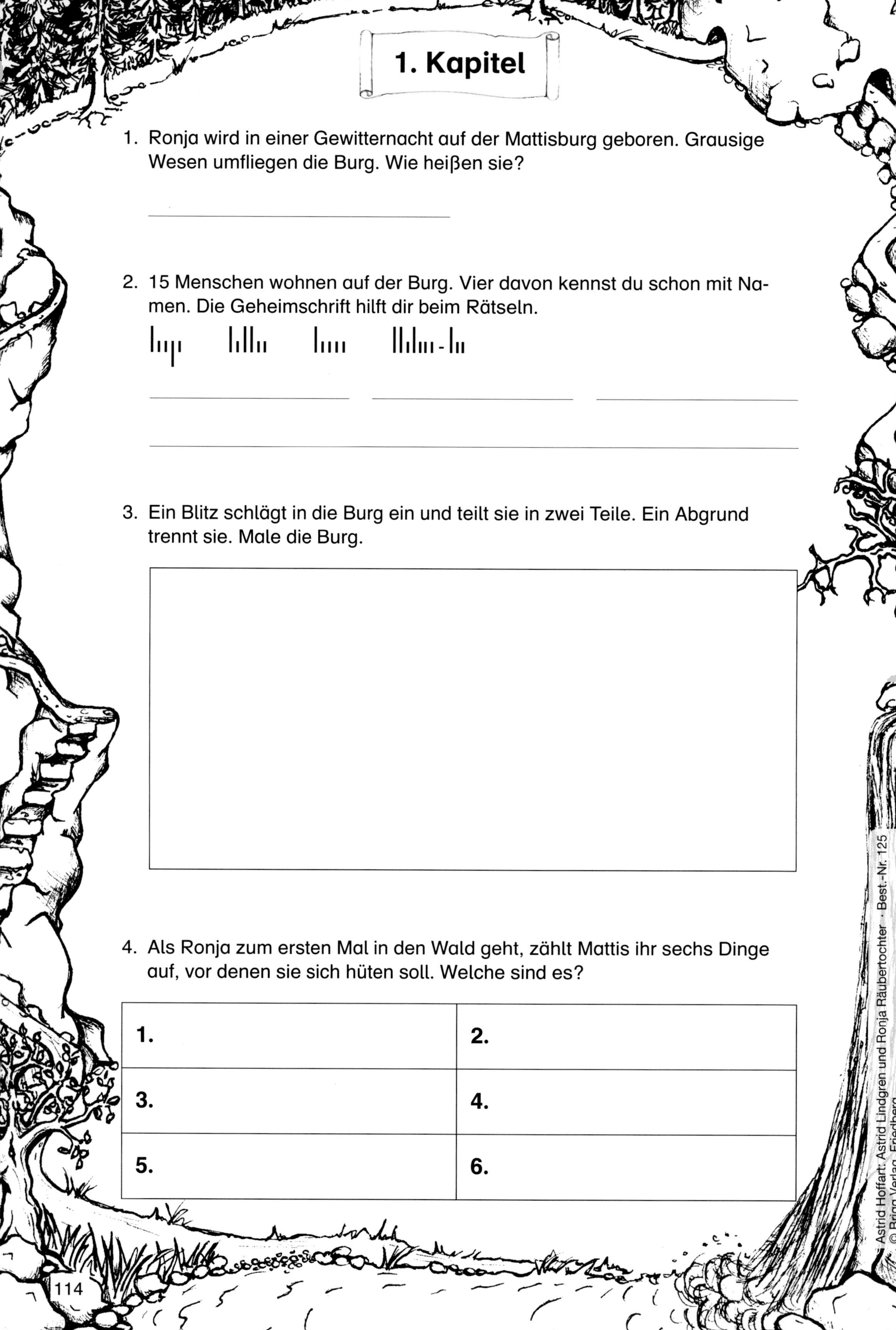

1. Kapitel

1. Ronja wird in einer Gewitternacht auf der Mattisburg geboren. Grausige Wesen umfliegen die Burg. Wie heißen sie?

2. 15 Menschen wohnen auf der Burg. Vier davon kennst du schon mit Namen. Die Geheimschrift hilft dir beim Rätseln.

3. Ein Blitz schlägt in die Burg ein und teilt sie in zwei Teile. Ein Abgrund trennt sie. Male die Burg.

4. Als Ronja zum ersten Mal in den Wald geht, zählt Mattis ihr sechs Dinge auf, vor denen sie sich hüten soll. Welche sind es?

1.	**2.**
3.	**4.**
5.	**6.**

2. Kapitel

1. Male einen Graugnom. Im Buch bekommst du Tipps, wie er aussieht. Schreibe in die Sprechblase, was sie murmeln:

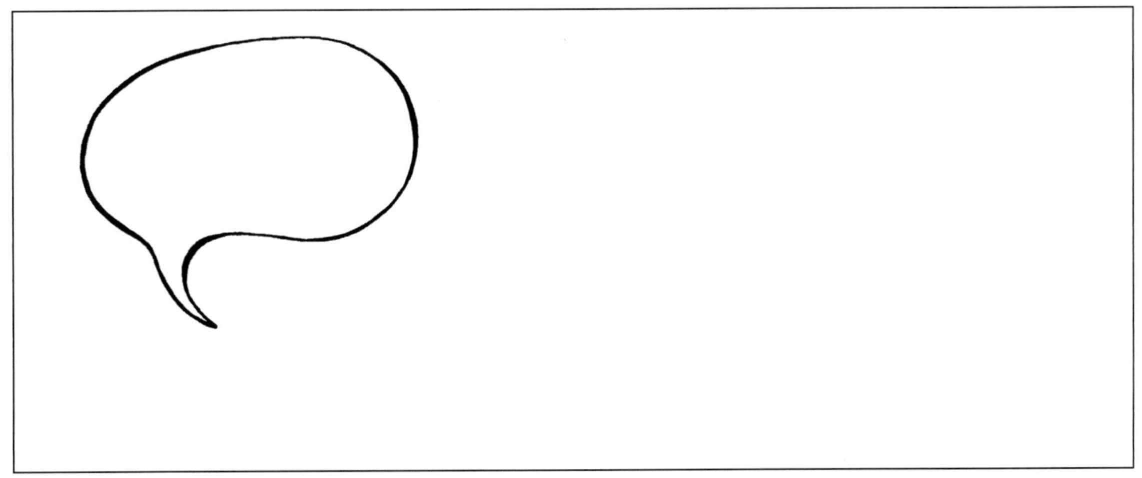

2. 12 Räuber hausen in der Mattisburg. Sie haben ganz fremd klingende Namen. Finde sie im Gitterrätsel.

Q	A	C	T	B	K	T	B	U	I	X	Y	I	K	P	E	L	J	E	P
C	R	S	F	G	L	A	T	Z	E	N	P	E	R	U	I	J	V	B	N
W	C	M	L	O	E	G	H	U	Z	T	D	X	C	U	I	U	S	T	Z
A	S	E	R	T	I	Z	O	P	I	T	U	R	R	E	W	T	B	H	U
T	J	O	R	M	N	T	Z	U	B	J	N	I	O	D	S	I	A	Y	Q
M	O	C	F	G	K	K	L	R	T	E	B	U	N	M	K	S	L	P	T
Ö	E	Ä	M	K	L	N	U	G	F	G	R	T	V	C	X	N	M	L	P
T	N	Q	V	H	I	C	Y	T	E	G	P	X	K	N	O	T	A	S	O
Z	E	T	T	K	P	C	Z	P	Q	E	I	F	J	O	S	O	K	L	K
U	W	U	G	L	P	B	U	O	C	F	H	Q	W	E	R	T	Z	U	I
L	A	B	B	A	S	V	S	T	U	R	K	A	S	Z	U	B	V	M	N

3. Ronja will sich als Letztes vor dem tiefen Abgrund hüten, so wie Mattis es ihr aufgetragen hat. Wie heißt der Abgrund?

____

4. Was denkt Ronja, als sie zum ersten Mal den Jungen sieht?

____

____

3. Kapitel

1. Welches Schimpfwort verwenden sowohl Ronja als auch Birk bei ihrem Streit am Höllenschlund? (Tipp: Es beginnt mit „H“.)

2. Stell dir vor, du würdest im Mattiswald herumstreunen und dir würden Räuber begegnen. Vor welchen Räubern hättest du weniger Angst? Vor Borka- oder vor Mattisräubern? Begründe deine Aussage.

3. Ronja springt auch über den Höllenschlund. Was denkt sie, kurz bevor sie springt?

4. Als Mattis davon erfährt, dass Borka in die Nordburg eingezogen ist, wirft er mit vielen Sachen um sich. Zähle sie auf:

1.	**2.**
3.	**4.**

4. Kapitel

1. Finde fünf Eigenschaftswörter, mit denen Borka beschrieben wird:

1.	**2.**
3.	**4.**
5.	

2. Birk zählt 13 Tiere auf. Finde sie im Gitterrätsel!

W	I	L	D	T	A	U	B	E	E	G	S	B	N	M	V	C	X	Y	S	E	R	Z
I	T	Z	O	Z	E	B	C	L	D	H	P	T	Z	U	W	O	L	F	K	P	E	U
L	R	H	P	N	R	N	F	C	C	J	I	N	B	Z	U	I	O	T	U	O	X	I
D	D	A	B	B	T	M	R	H	V	K	N	M	A	S	C	H	N	E	C	K	E	O
P	F	B	V	V	U	R	E	O	B	T	N	K	E	E	L	O	Z	E	K	T	R	P
F	V	I	U	H	U	G	W	K	N	R	E	I	R	R	O	I	H	S	U	R	F	Ü
E	B	C	R	X	G	H	Q	I	M	E	D	H	N	D	P	H	N	A	C	S	V	L
R	J	H	E	C	M	A	E	U	S	E	B	U	S	S	A	R	D	X	K	D	T	K
D	K	T	Q	E	R	W	T	Z	U	I	O	P	L	K	S	B	M	Y	I	F	G	J
Z	L	T	F	U	C	H	S	B	N	V	C	A	M	E	I	S	E	P	H	G	B	H

3. Birk nennt weitere vier Wesen, die es nur im Mattiswald gibt, nicht aber in unseren Wäldern.

1.	**2.**
3.	**4.**

4. Male das Wesen, das dir am besten gefällt:

5. Was ist so gefährlich an den Unterirdischen?

6. Wieso, glaubst du, fällt es Ronja plötzlich schwer, Birk zu verabscheuen?

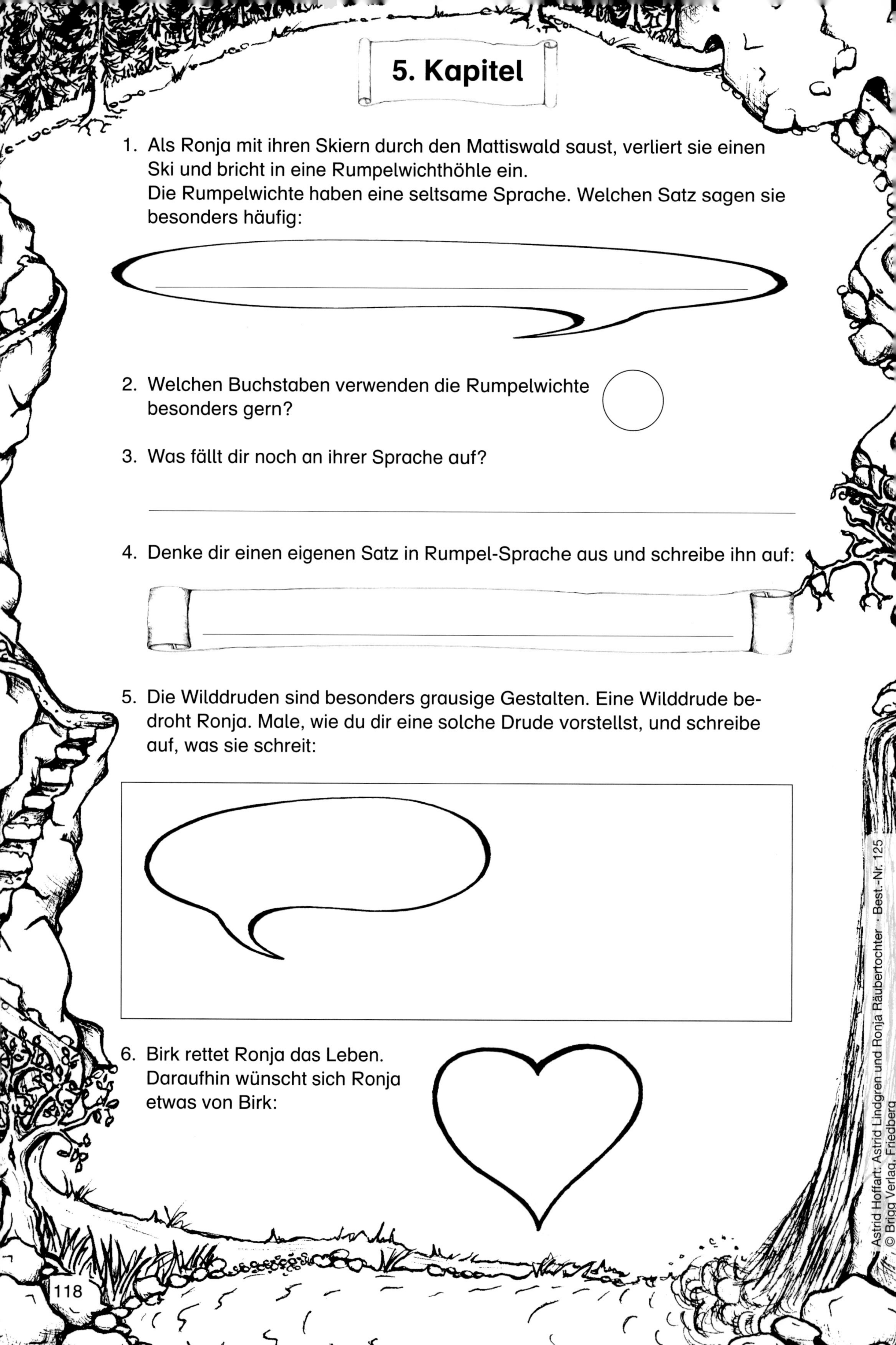

5. Kapitel

1. Als Ronja mit ihren Skiern durch den Mattiswald saust, verliert sie einen Ski und bricht in eine Rumpelwichthöhle ein.
   Die Rumpelwichte haben eine seltsame Sprache. Welchen Satz sagen sie besonders häufig:

2. Welchen Buchstaben verwenden die Rumpelwichte besonders gern?

3. Was fällt dir noch an ihrer Sprache auf?

4. Denke dir einen eigenen Satz in Rumpel-Sprache aus und schreibe ihn auf:

5. Die Wilddruden sind besonders grausige Gestalten. Eine Wilddrude bedroht Ronja. Male, wie du dir eine solche Drude vorstellst, und schreibe auf, was sie schreit:

6. Birk rettet Ronja das Leben. Daraufhin wünscht sich Ronja etwas von Birk:

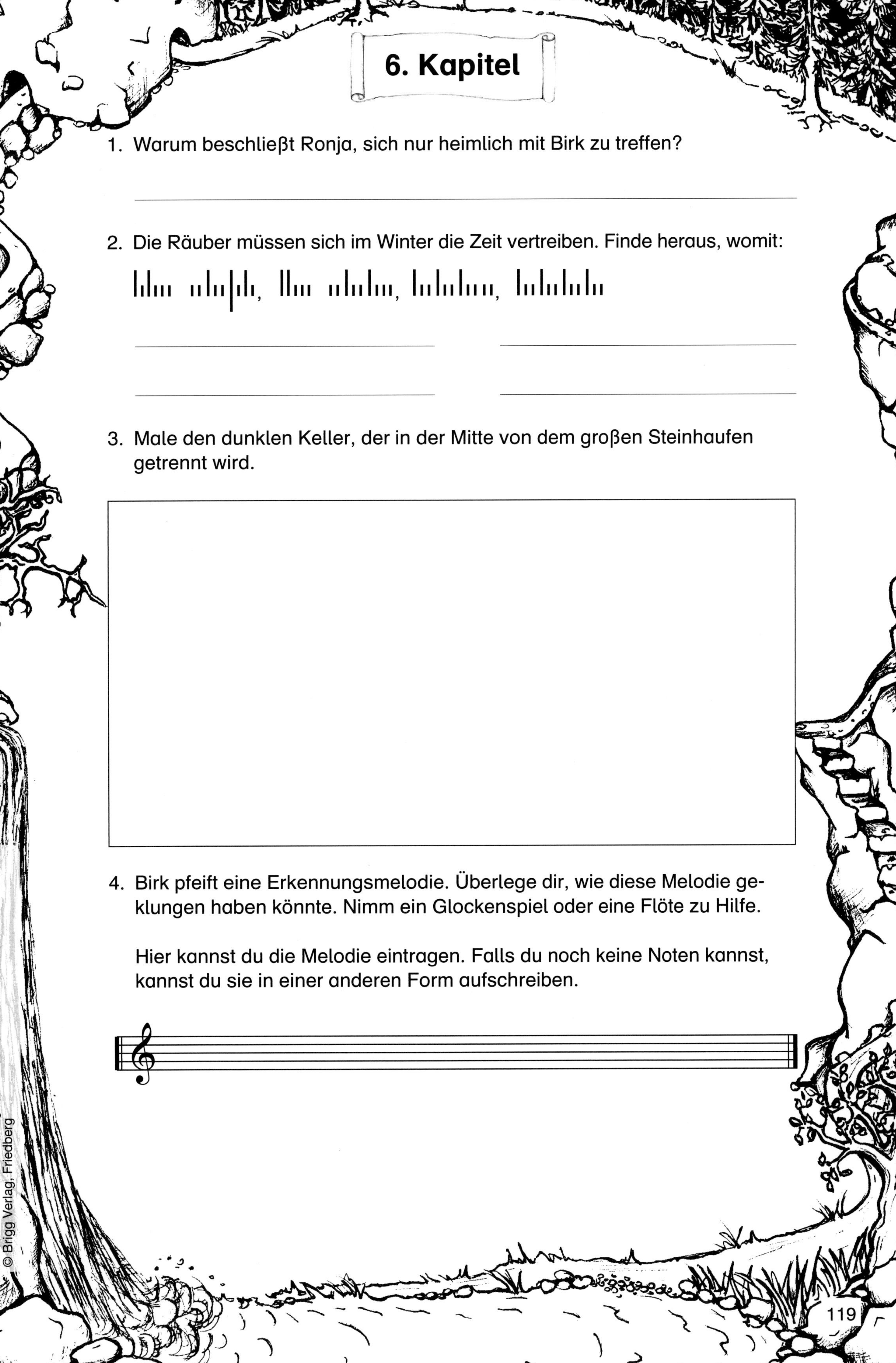

6. Kapitel

1. Warum beschließt Ronja, sich nur heimlich mit Birk zu treffen?

2. Die Räuber müssen sich im Winter die Zeit vertreiben. Finde heraus, womit:

3. Male den dunklen Keller, der in der Mitte von dem großen Steinhaufen getrennt wird.

4. Birk pfeift eine Erkennungsmelodie. Überlege dir, wie diese Melodie geklungen haben könnte. Nimm ein Glockenspiel oder eine Flöte zu Hilfe.

   Hier kannst du die Melodie eintragen. Falls du noch keine Noten kannst, kannst du sie in einer anderen Form aufschreiben.

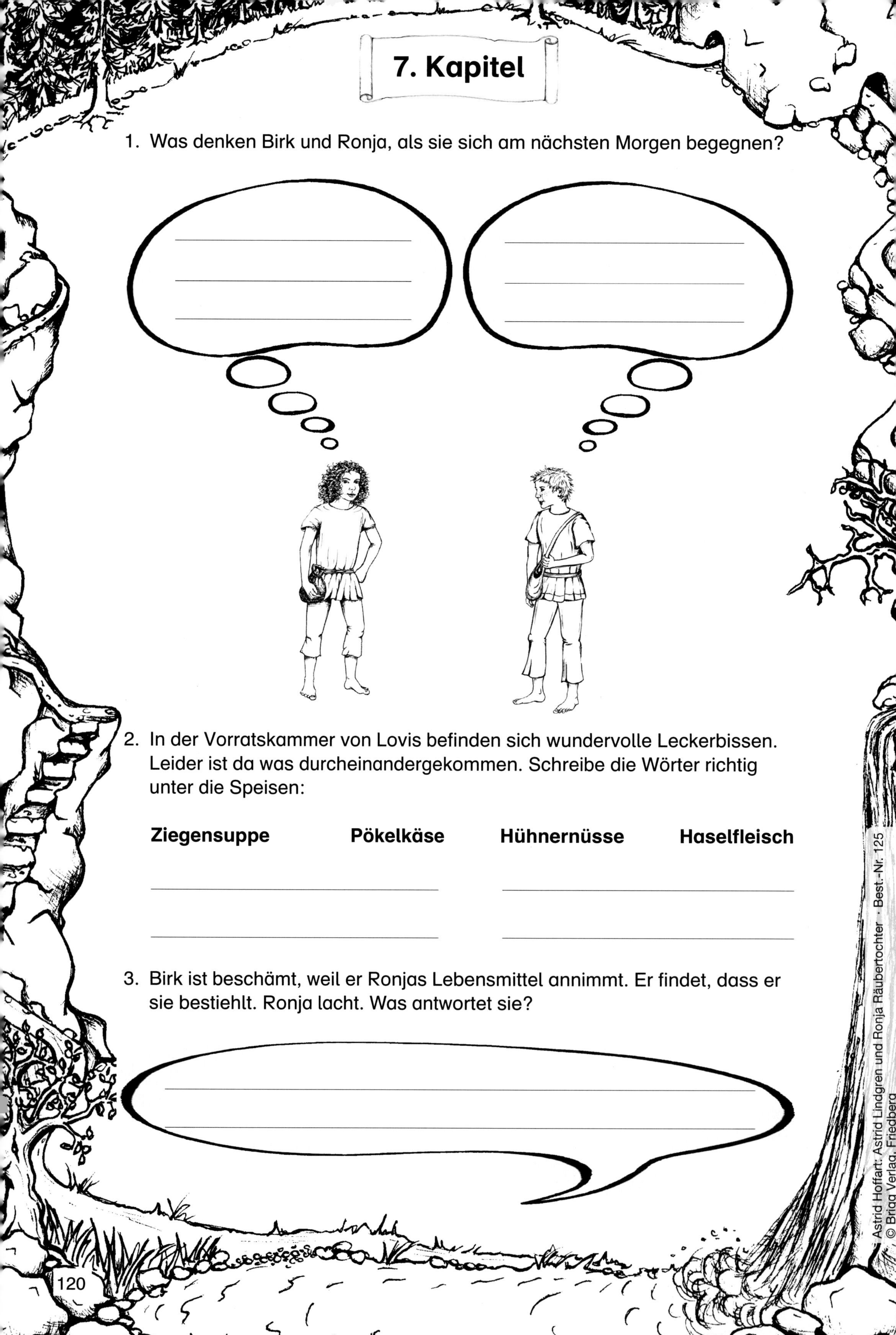

7. Kapitel

1. Was denken Birk und Ronja, als sie sich am nächsten Morgen begegnen?

2. In der Vorratskammer von Lovis befinden sich wundervolle Leckerbissen. Leider ist da was durcheinandergekommen. Schreibe die Wörter richtig unter die Speisen:

Ziegensuppe **Pökelkäse** **Hühnernüsse** **Haselfleisch**

3. Birk ist beschämt, weil er Ronjas Lebensmittel annimmt. Er findet, dass er sie bestiehlt. Ronja lacht. Was antwortet sie?

8. Kapitel

1. Zeichne die vier Tiere, die Ronja und Birk im Frühlingswald begegnen (ein Tierlexikon kann dir dabei helfen):

2. Wie werden die beiden Pferde von Ronja und Birk getauft?

   ______________________ ______________________

3. Wie endet Ronjas erster Reitversuch? Male es in den Kasten darunter.

4. In der Dämmerung gehen die Tiere des Waldes schlafen, aber die Wesen der Dämmerung erwachen. Fülle die Lücken:

   ______________ ______________ zwischen den

   Bäumen. ______________ ______________

   ______________ hinter den Steinen hervor und

   ______________ kamen zuhauf aus ihren Schlupfwinkeln

   ______________ und ______________, um alle

   zu ______________, die ihren Weg kreuzten. Und von den

   ______________ ______________ kamen die

   ______________ ______________, die

   ______________ und ______________ aller

   Dämmerungswesen.

9. Kapitel

1. Ronja und Lovis sind dagegen, dass sich Mattis und Borka ans Leben wollen. Lovis spricht es ganz deutlich aus. Was sagt sie?

Das Kind ist

2. Ronja ist furchtbar wütend auf Mattis, weil er Birk entführt hat. Sie gibt ihm einen bösen Schimpfnamen:

3. Welche Drohung spricht Ronja gegenüber Mattis aus, falls er noch einmal Menschen raubt?

4. Mattis meint, Birk sei kein Mensch. Er gibt ihm zwei böse Namen:

5. Auf dem Bild von S. 124/125 siehst du, wie die Räuber auf Birks Entführung reagieren. Was könnten sie sagen? Schreibe es in die Sprechblasen.

10. Kapitel

1. Wie verhält sich Mattis in den Tagen, nachdem Ronja sich für Birk in die Hände von Borka begeben hat? Male den Smiley an:

2. Welchen Rat würdest du Mattis geben?

3. Birk zieht aus der Borkafeste aus in den Wald. Wohin genau zieht er?

4. Ronja sieht nachts auf dem Weg in die Bärenhöhle Dunkeltrolle im Mondschein tanzen.

   Glatzen-Per behauptet, dieser Tanz sei ihr

5. Schreibe ein kurzes Frühlingslied, das die Trolle brummen könnten. Brumme es auch deinem Nachbarn vor:

6. Als Ronja bei Birk an der Bärenhöhle ankommt, hat er ein Feuer gemacht. Was sagt Mattis immer, wenn er ein Feuer sieht?

7. Ronja dreht diesen Satz um:

11. Kapitel

1. Birk hat für Ronja ein tolles Bett gemacht. Aus was besteht es? Beschreibe es:

2. Birk ermahnt Ronja, auf einen Gegenstand besonders Acht zu geben, denn ohne diesen Gegenstand ist man im Wald verloren. Male diesen Gegenstand in das Kästchen:

3. Vier weitere Gegenstände, die man zum Leben in einer Bärenhöhle braucht, sind durcheinander gekommen. Löse die Purzelwörter:

   steinWetz, gneSchlin, epSer, bArmstur

4. Stell dir vor, du solltest in einer Bärenhöhle leben. Worauf würdest du dich am meisten freuen? Wovor hättest du am meisten Angst?

☺	☹

5. Ronja träumt in dieser Nacht einen seltsamen Traum. Versuche ihn auf einem extra Blatt zu malen.

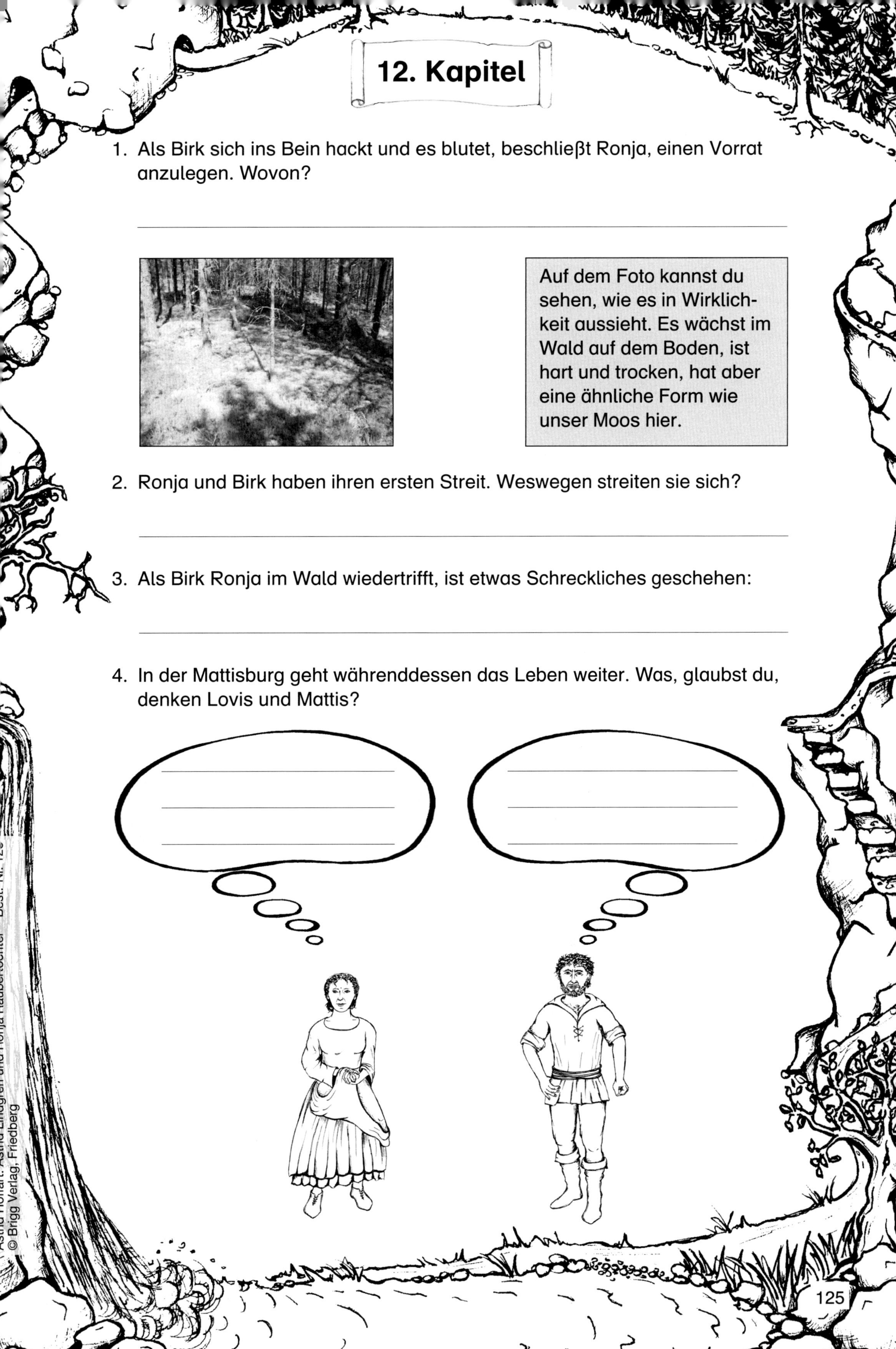

12. Kapitel

1. Als Birk sich ins Bein hackt und es blutet, beschließt Ronja, einen Vorrat anzulegen. Wovon?

Auf dem Foto kannst du sehen, wie es in Wirklichkeit aussieht. Es wächst im Wald auf dem Boden, ist hart und trocken, hat aber eine ähnliche Form wie unser Moos hier.

2. Ronja und Birk haben ihren ersten Streit. Weswegen streiten sie sich?

3. Als Birk Ronja im Wald wiedertrifft, ist etwas Schreckliches geschehen:

4. In der Mattisburg geht währenddessen das Leben weiter. Was, glaubst du, denken Lovis und Mattis?

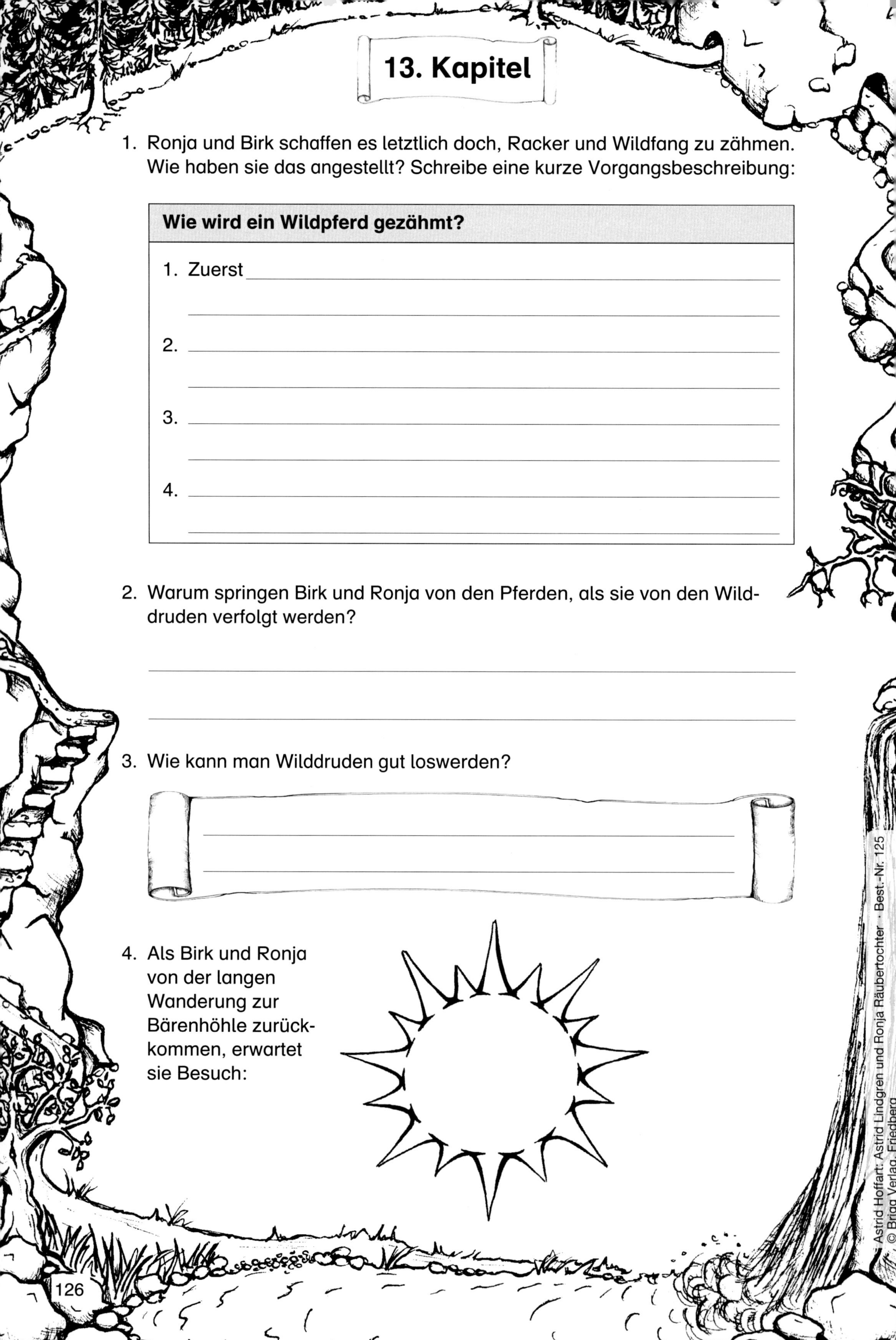

13. Kapitel

1. Ronja und Birk schaffen es letztlich doch, Racker und Wildfang zu zähmen. Wie haben sie das angestellt? Schreibe eine kurze Vorgangsbeschreibung:

Wie wird ein Wildpferd gezähmt?
1. Zuerst ______
2. ______
3. ______
4. ______

2. Warum springen Birk und Ronja von den Pferden, als sie von den Wilddruden verfolgt werden?

______

3. Wie kann man Wilddruden gut loswerden?

______

4. Als Birk und Ronja von der langen Wanderung zur Bärenhöhle zurückkommen, erwartet sie Besuch:

14. Kapitel

1. Klein-Klipp bringt auch Neuigkeiten aus der Mattisburg.
   Male die zusammengehörigen Aussagen mit der gleichen Farbe an.

Glatzen-Per	wurden vom Vogt bei Wasser und Brot in einen Kerker gesteckt.
Mattis	laufe miserabel.
Pelje und zwei Borkamänner	poltert und wütet stets und ständig.
Räuberei	wimmele von Landsknechten.
Der ganze Wald	sei ganz hinfällig geworden.

2. Ronja und Birk geraten in große Gefahr. Am Glupafall werden sie von einem Schwarm Wilddruden erspäht. Sie müssen ins Wasser springen. Welchen Satz rufen die Druden am häufigsten?

____

____

3. Stell dir vor, du wärst Reporter und hättest das Abenteuer am Glupafall gesehen. Am nächsten Tag berichtest du darüber in der Zeitung:

Der Angriff der Wilddruden

Schweden, Mattiswald: Gestern Nachmittag geschah am Gulpafall beinahe ein Unglück mit tödlichem Ausgang

____

____

____

____

____

____

15. Kapitel

1. Lovis besucht ihre Tochter an der Bärenhöhle. Ronja fragt Lovis um Rat. Fülle den Lückentext aus.

„Du, ____________________, wenn du ein ____________________ wärst und einen ____________________ hättest, der dich so erbarmungslos ____________________, dass er nicht einmal deinen ____________________ nennt, würdest du dann zu ihm ____?

2. Lovis denkt lange nach. Dann gibt sie Ronja eine Antwort:

3. Ronja backt einen Sommerkuchen. Aus welchen „Zutaten“ besteht er? Nenne mindestens fünf Zutaten:

1. ____________________

2. ____________________

3. ____________________

4. ____________________

5. ____________________

4. Aus welchen Zutaten würde dein Sommerkuchen bestehen?

5. Wenn du möchtest, darfst du dein oder Ronjas Sommerkuchen-Elfchen schreiben.

16. Kapitel

1. Birk und Ronja haben große Angst vor dem Winter, deshalb reden sie sich ein, dass es noch nicht Herbst, sondern noch Sommer ist:

   „Einen ____________________ Sommer haben wir, aber es wird wohl besser."

   „Einen ____________________ Sommer haben wir, aber es wird wohl besser."

   „Einen ____________________ Sommer haben wir."

2. Ronja macht Birk Vorwürfe, weil er alles so leicht nimmt. Was, glaubst du, denkt Birk wirklich? Schreibe es in die Gedankenblase.

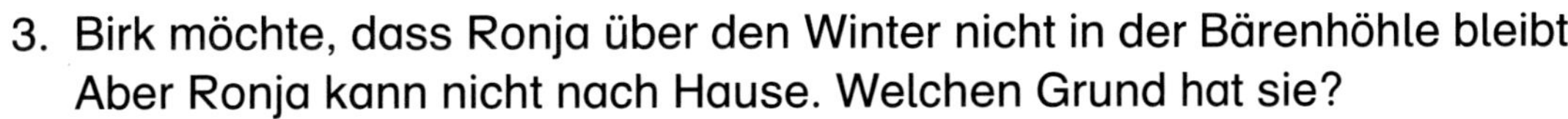

3. Birk möchte, dass Ronja über den Winter nicht in der Bärenhöhle bleibt. Aber Ronja kann nicht nach Hause. Welchen Grund hat sie?

4. Als sie Wasser holen möchte, sitzt Mattis auf einem Stein an der Quelle und weint. Was flüstert er?

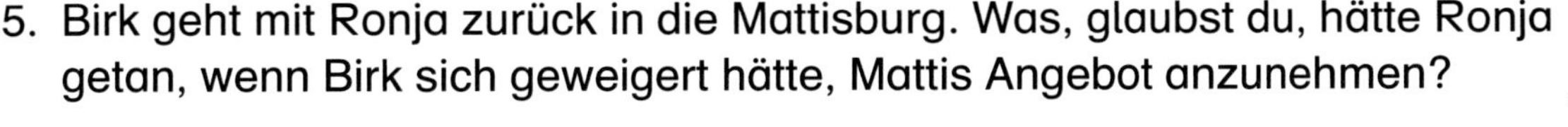

5. Birk geht mit Ronja zurück in die Mattisburg. Was, glaubst du, hätte Ronja getan, wenn Birk sich geweigert hätte, Mattis Angebot anzunehmen?

____

____

6. Was tut Glatzen-Per, als Ronja nach Hause kommt?

____

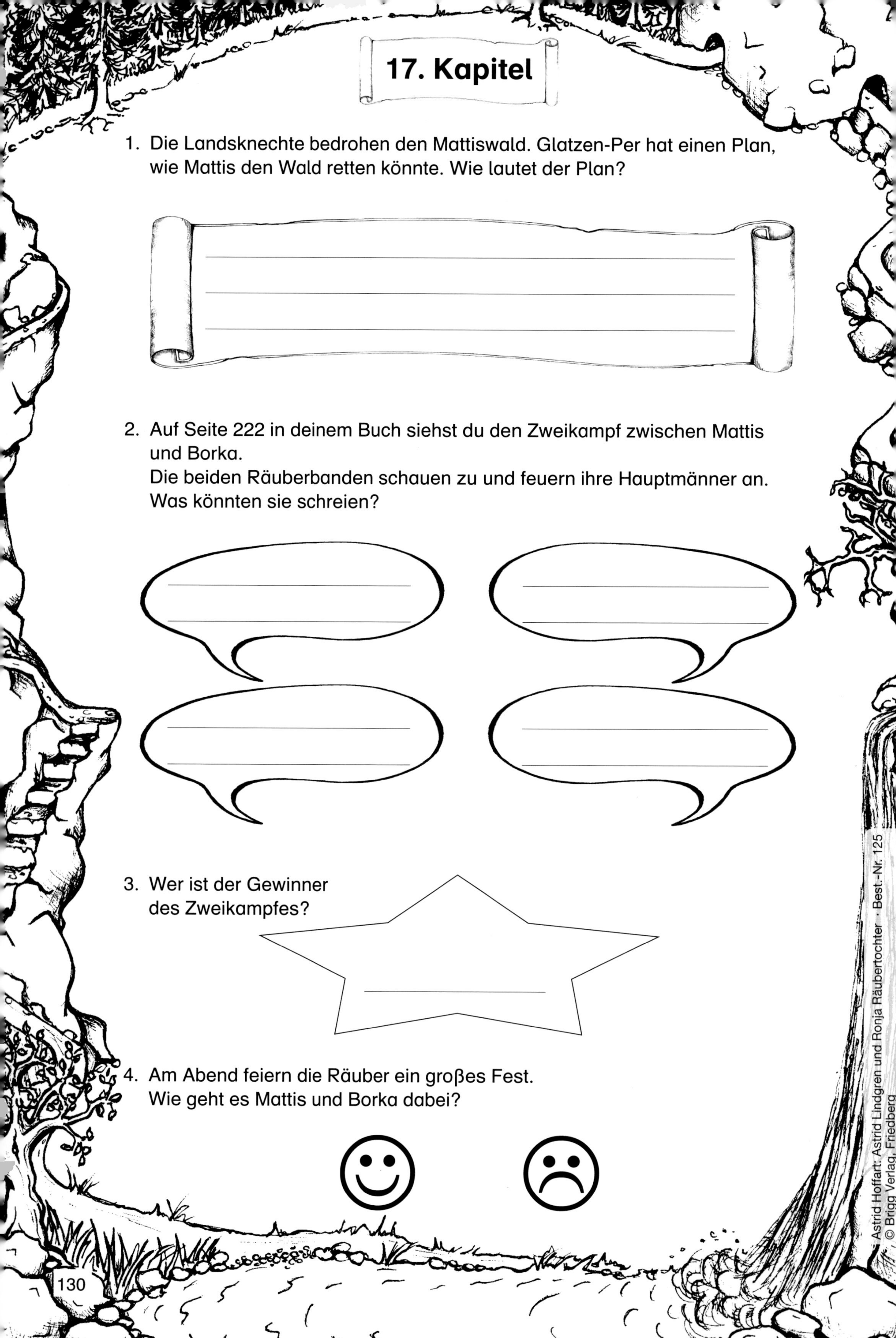

17. Kapitel

1. Die Landsknechte bedrohen den Mattiswald. Glatzen-Per hat einen Plan, wie Mattis den Wald retten könnte. Wie lautet der Plan?

2. Auf Seite 222 in deinem Buch siehst du den Zweikampf zwischen Mattis und Borka.
   Die beiden Räuberbanden schauen zu und feuern ihre Hauptmänner an. Was könnten sie schreien?

3. Wer ist der Gewinner des Zweikampfes?

4. Am Abend feiern die Räuber ein großes Fest. Wie geht es Mattis und Borka dabei?

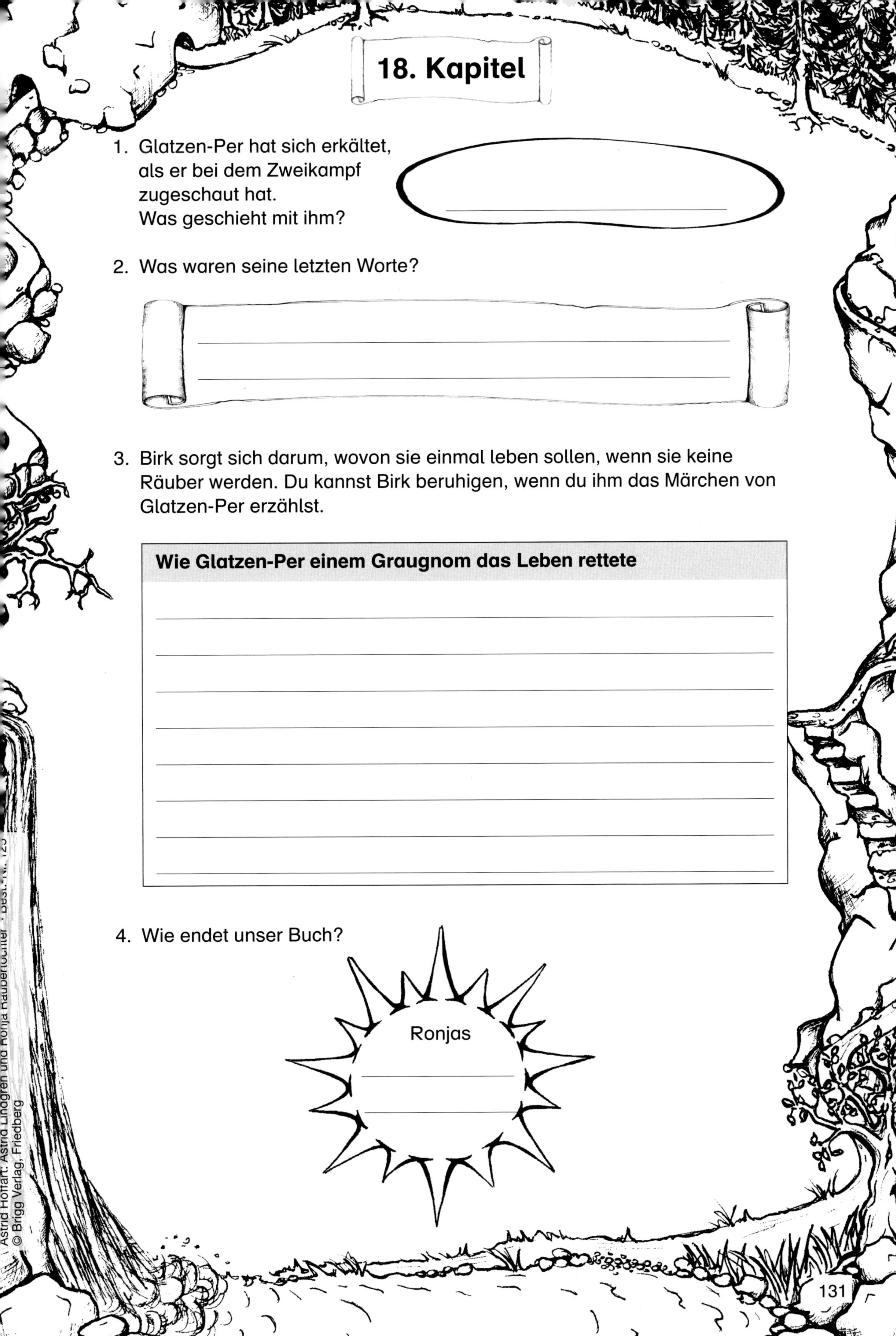

18. Kapitel

1. Glatzen-Per hat sich erkältet, als er bei dem Zweikampf zugeschaut hat. Was geschieht mit ihm?

2. Was waren seine letzten Worte?

3. Birk sorgt sich darum, wovon sie einmal leben sollen, wenn sie keine Räuber werden. Du kannst Birk beruhigen, wenn du ihm das Märchen von Glatzen-Per erzählst.

Wie Glatzen-Per einem Graugnom das Leben rettete

4. Wie endet unser Buch?

Ronjas

Lösungen

1. Kapitel

1. Wilddruden
2. Ronja, Mattis, Lovis, Glatzen-Per
4. Wilddruden, Graugnomen, Borkaräuber, im Wald verirren, in den Fluss plumpsen, in den Höllenschlund fallen

2. Kapitel

1. Graugnomen alle, Mensch hier. Graugnomen alle, beißt und schlagt zu!
2.

Q	A	C	T	B	K	T	B	U	I	X	Y	I	K	P	E	L	J	E	P
C	R	S	F	G	L	A	T	Z	E	N	P	E	R	U	I	J	V	B	N
W	C	M	L	O	E	G	H	U	Z	T	D	X	C	U	I	U	S	T	Z
A	S	E	R	T	I	Z	O	P	I	T	U	R	R	E	W	T	B	H	U
T	J	O	R	M	N	T	Z	U	B	J	N	I	O	D	S	I	A	Y	Q
M	O	C	F	G	K	K	L	R	T	E	B	U	N	M	K	S	L	P	T
Ö	E	Ä	M	K	L	N	U	G	F	G	R	T	V	C	X	N	M	L	P
T	N	Q	V	H	I	C	Y	T	E	G	P	X	K	N	O	T	A	S	O
Z	E	T	T	K	P	C	Z	P	Q	E	I	F	J	O	S	O	K	L	K
U	W	U	G	L	P	B	U	O	C	F	H	Q	W	E	R	T	Z	U	I
L	A	B	B	A	S	V	S	T	U	R	K	A	S	Z	U	B	V	M	N

3. Der Abgrund heißt **Höllenschlund**.
4. Schön, dass es ihn gibt.

3. Kapitel

1. Hosenschisser
2. Mögliche Antwort: Vor beiden gleich viel, denn beides sind gefürchtete Räuberbanden.
3. Kein Borkaräuber soll hier irgendwelche Sprünge machen, die ein Mattisräuber nicht nachmachen könnte.
4. Hammelbraten, Bierkrüge, Suppentopf, Eier

4. Kapitel

1. breitbeinig, großmäulig, stark, breitschultrig, rothaarig

2.

W	I	L	D	T	A	U	B	E	E	G	S	B	N	M	V	C	X	Y	S	E	R	Z
I	T	Z	O	Z	E	B	C	L	D	H	P	T	Z	U	W	O	L	F	K	P	E	U
L	R	H	P	N	R	N	F	C	C	J	I	N	B	Z	U	I	O	T	U	O	X	I
D	D	A	B	B	T	M	R	H	V	K	N	M	A	S	C	H	N	E	C	K	E	O
P	F	B	V	V	U	R	E	O	B	T	N	K	E	E	L	O	Z	E	K	T	R	P
F	V	I	U	H	U	G	W	K	N	R	E	I	R	R	O	I	H	S	U	R	F	Ü
E	B	C	R	X	G	H	Q	I	M	E	D	H	N	D	P	H	N	A	C	S	V	L
R	J	H	E	C	M	A	E	U	S	E	B	U	S	S	A	R	D	X	K	D	T	K
D	K	T	Q	E	R	W	T	Z	U	I	O	P	L	K	S	B	M	Y	I	F	G	J
Z	L	T	F	U	C	H	S	B	N	V	C	A	M	E	I	S	E	P	H	G	B	H

3. Grausedruden, Graugnomen, Rumpelwichte, Dunkeltrolle
5. Sie wollen die Menschen unter die Erde locken.
6. Weil sie merkt, dass er ganz nett ist; weil er ihr geholfen hat

5. Kapitel

1. Wiesu denn bluß?
2. Den Buchstaben „**u**"
3. Sie sprechen wie kleine Kinder.
5. „Morgen kommen und holen wir dich!"
6. Dass sie von nun an **Geschwister** sind.

6. Kapitel

1. Weil Mattis die Freundschaft nicht dulden würde, kann sich Ronja nur heimlich mit Birk treffen.
2. Schnee schaufeln, Skier schnitzen, Räubertänze, Räuberlieder
4. Die Kinder können einfach auch nur Punkte auf die Linien malen, um die ungefähre Höhe zu kennzeichnen.

7. Kapitel

1. Schön, dass ich wieder mit ihm / ihr zusammen sein kann.
2. Ziegenkäse, Pökelfleisch, Haselnüsse, Hühnersuppe
3. „Bin ich etwa keine Räubertochter? Warum soll ich da nicht stehlen?"

8. Kapitel

2. Die Namen der beiden Pferde sind **Racker** und **Wildfang**.
4. **Rumpelwichte schlurften** zwischen den Bäumen. **Zottige Dunkeltrolle krochen** hinter den Steinen hervor und **Graugnomen** kamen zuhauf aus ihren Schlupfwinkeln **gehuscht** und **fauchten**, um alle zu **erschrecken**, die ihren Weg kreuzten. Und von den **Bergen heruntergeschwebt** kamen die **wilden Druden**, die **grausamsten** und **wütigsten** aller Dämmerungswesen.

9. Kapitel

1. Das Kind ist klüger als du, Mattis. All dies kann nur in einem Blutbad und Elend enden und wofür soll das gut sein?
2. Untier
3. „Dann will ich nicht länger deine Tochter sein!"
4. Hundsfott, Otterngezücht

10. Kapitel

1. ☹
3. Er zieht in die **Bärenhöhle**.
4. Der Tanz sei ihr Frühlingslied.
6. Wo es ein Heim gibt, gibt es auch ein Feuer.
7. Wo es ein Feuer gibt, gibt es auch ein Heim.

11. Kapitel

1. Ziegenfell über Reisig gebreitet; Zudecke aus Eichhörnchenfell
2. Messer
3. Wetzstein, Schlingen, Speer, Armbrust

12. Kapitel

1. Weißmoos
2. Weil das Messer verschwunden ist.
3. Ein Bär hat das Fohlen einer Stute gerissen.

13. Kapitel

1. 1. Zuerst waren sie einfach nur in der Nähe der Herde bei Lia.
   2. Dann sprachen sie mit ihnen.
   3. Endlich durften sie sie streicheln.
   4. Zuletzt packten sie sie in der Mähne und schwangen sich auf ihren Rücken.
2. Weil Wilddruden nichts gegen Pferde haben, nur gegen Menschen.
3. Sobald die Druden ihr Opfer nicht mehr sehen können, vergessen sie es.
4. Klein-Klipp ist von der Mattisburg gekommen.

14. Kapitel

1.

Glatzen-Per	sei ganz hinfällig geworden.
Mattis	poltert und wütet stets und ständig.
Pelje und zwei Borkamänner	wurden vom Vogt bei Wasser und Brot in einen Kerker gesteckt.
Räuberei	laufe miserabel.
Der ganze Wald	wimmele von Landsknechten.

2. Hoho, jetzt wird Blut fließen!

15. Kapitel

1. „Du, **Lovis**, wenn du ein **Kind** wärst und einen **Vater** hättest, der dich so erbarmungslos **verleugnet**, dass er nicht einmal deinen **Namen** nennt, würdest du dann zu ihm **zurückkehren**?“
2. „Nein, das würde ich nicht. Er müsste mich darum bitten, das müsste er!“
3. 1. Sonnenaufgänge
   2. Blaubeerreisig
   3. reife Beeren
   4. Sommersprossen auf Birks Armen
   5. abendlicher Mondschein ... (S. 200)

16. Kapitel

1. verregneten, windigen, frostigen
2. mögliche Antwort: Ich habe solche Angst vor dem Winter. Wenn er kommt und wir noch in der Höhle sind, werden wir erfrieren.
3. Weil sie immer noch nicht wieder Mattis' Kind ist.
4. Mein Kind!
6. Er macht einen unnatürlich hohen Freudensprung und lässt dabei einen kleinen Furz fahren.

17. Kapitel

1. Mattis soll sich mit Borka zu einer großen Räuberbande zusammenschließen. Ein Zweikampf soll entscheiden, wer der Anführer dieser Bande werden soll.
3. Mattis
4. ☺

18. Kapitel

1. Glatzen-Per stirbt.
2. „Jetzt, meine Freunde, nehm ich Abschied von euch allen! Denn jetzt sterbe ich!“
4. Das Buch endet mit Ronjas **Frühlingsschrei**.

Schatzkiste zu „Ronja Räubertochter“

1. Urkunde für das schönste Leseheft

2. Steckbrief „Dunkelvolk“

Mein Wesen: ______________________________

So sieht es aus:

Bild	**Beschreibung**

So spricht es oder solche Laute gibt es von sich:

So gefährlich ist es:

harmlos **etwas gefährlich** **sehr gefährlich**

So verhalte ich mich am besten, wenn ich ihm begegne:

Arbeitsauftrag: Erstelle einen Steckbrief für ein Wesen aus dem Dunkelvolk, das dir besonders gut gefallen hat. Falls du dich nicht mehr an alles genau erinnern kannst, helfen dir die Tippkarten.

Tippkarten zum Erstellen eines Steckbriefs

Tippkarte 1: Seitenzahlen zum Nachschlagen in Ronja	
Graugnomen:	S. 22, S. 153
Wilddruden:	S. 29, S. 177, S. 178, S. 188
Dunkeltrolle:	S. 144
Rumpelwichte:	S. 72
Unterirdische:	S. 59, S. 202

Tippkarte 2 zu Graugnomen

- Ihre Augen leuchten im Dunkeln; haben wunderliche, alte graue Stimmen, die eintönig raunen
- „Graugnomen alle, Mensch hier, Mensch hier im Graugnomenwald! Graugnomen alle, beißt und schlagt zu!“
- Haben Keulen und Knüppel dabei (S. 22 ff.); können gut schwimmen (S. 153)
- Keine Angst vor ihnen haben (S. 22 ff.)

Tippkarte 2 zu Wilddruden

- wohnen in den Bergen hinter dem Wald; kommen bevorzugt im Herbst aus ihren Grotten; Auftreten in Scharen: Schwestern
- „Hoho! Ihr Menschlein! Jetzt wird Blut fließen!“
- Schön waren die Druden und toll und grausam. Mit ihren steinharten Augen spähten sie über den Wald nach jemand aus, dem sie mit ihren scharfen Krallen das Blut aus dem Leibe kratzen konnten. Im Herbstwald werden die Druden noch toller als sonst. (S. 29)
- Denn ohne Reiter hatten die Pferde nichts zu befürchten, es waren die Menschen, die die Wilddruden hassten und verfolgten, nicht die Tiere. (S. 177)
- Mit den Wilddruden aber verhielt es sich so, dass es das, was sie nicht sahen, für sie nicht mehr gab. (S. 178)
- Die Druden drohten und quälten gern, bevor sie angriffen. Früh genug würden sie die Krallen in ihre Opfer schlagen und sie töten. Aber fast ebenso genussvoll fanden sie es, johlend herumzufliegen und Entsetzen zu verbreiten, während sie auf das Zeichen der Großdrude warteten. (S. 188)

Tippkarte 2 zu Dunkeltrollen

- sehr friedlich, bedächtige, plumpe Bewegungen
- Laute: Sonderbares Brummen
- Tanzen in Mondscheinnächten und brummen dabei sonderbar: Frühlingslied

Tippkarte 2 zu Rumpelwichte

- Wohnen in Höhlen unter der Erde
- breite Hinterteile, kleines, verhutzeltes Gesicht, struppiges Haar
- sind gemeinhin friedlich, tun nichts Böses
- „Wiesu denn bluß?“; „Wiesu tut sie su?“
- besondere Sprache: alles auf den Selbstlaut (Vokal) „u“; zudem sehr kindlich. (S. 72 ff.)

Tippkarte 2 zu den Unterirdischen

- wohnen unter der Erde im Wald
- Zuerst kommt dichter Nebel auf, dann beginnen sie zu singen: leise und zart klagende Töne; locken die Menschen unter die Erde; dann sind sie für immer verloren;
- man weiß nicht, wie sie aussehen, wurden noch nie von jemandem gesehen; (S. 59 ff.)
- Wenn die Unterirdischen in den Wald heraufkommen und singen, ist es Herbst und der Winter steht vor der Tür (S. 202)

Räuberlieder und Räubertänze

1) Hauptmänner-Hymne

Dieses Lied ist dem Film entnommen. Es ist eine Art persiflierte Hymne auf Mattis, in der in der ersten Strophe Borka als Wicht gezeichnet wird, Lovis hingegen in der letzten als absolut ernst zu nehmende Hauptmannsfrau. (Diese Strophe wird im Film in der Szene von den Räubern gesungen, als Lovis mitten im Winter ihre Kleider wäscht.) Mattis selbst wird zwar in der mittleren Strophe sehr gepriesen, kommt aber auch nicht ganz ohne Spott davon: Sein Bierkonsum wird ihm angekreidet, allerdings sehr liebevoll.

Möglicher Einsatz im (Musik-)Unterricht:
Man könnte vor dem Film den Kindern alle drei Strophen vorlegen, die Namen der angesprochenen Personen aber herausnehmen. Die Schüler müssten nun erraten, welche Person in den einzelnen Strophen gemeint ist.
Bei sehr musikalischen Klassen könnten sich die Kinder eine eigene Melodie ausdenken, andernfalls dürfen sie es auch einfach im Film mitträllern oder natürlich auch a cappella nachsingen.

Hauptmänner-Hymne

1. Strophe „ ____________________ “:
Hööööh!
Ich kenn' `nen Häuptling,
`nen kleinen Furz,
was kann der allda
wahrhaftig nichts nein, gar nichts ja,
denn er heißt ____________________.

2. Strophe „ ____________________ “:
Ich kenn `nen Mann
so groß und so stark wie keinen sonst
Er ist der größte Häuptling hier
und ____________________ heißt der Mann.
Der Häuptling immer stärker wird,
weil so viel Bier er trinkt.
Es kommt der Tag, an dem sein Bauch zerspringt, zerspringt.

3. Strophe „ ____________________ “:
Ich kenn `nen Häuptling,
der trägt `nen Rock,
böse wie `ne Drude.
Wenn wir erfrieren,
kümmert's sie nicht, Teufelsgesicht.

Räuberlieder und Räubertänze

2) Das Wolfslied

Dieses Lied singt Lovis im Film für Ronja zum Einschlafen.

Möglicher Einsatz im Unterricht:
Dieses Lied ist bereits sehr bekannt, sodass es eher schwierig wird, sich eine Melodie dazu auszudenken. Also können die Schüler es wieder begleitend zum Film singen. Auf der CD „Die große Astrid-Lindgren-Lieder-CD" ist es auch zu finden. Eine Karaoke-Version befindet sich auf der zweiten CD. Das Wolfslied selbst mit Gitarrengriffen steht im dazugehörigen Lindgren-Liederbuch.

Wolfslied

Wild heult der Wolf des Nachts im Wald.
Vor Hunger kann er nicht schlafen.
Und seine Höhl' ist bitterkalt.
Er giert nach fetten Schafen.
Du Wolf, du Wolf, komm nicht hierher.
Mein Kind, das kriegst du nimmermehr.

3) Räubertänze

Am meisten Freude werden die Kinder wohl mit den Räubertänzen haben. Sie werden sich mit Vergnügen selbst welche ausdenken, aber auch die wundervollen Tänze aus dem Film werden sie ansprechen. Leider konnte ich bis jetzt keine CD finden, auf der diese Tänze sind. Eine wenn auch nicht optimale Alternative, um die Melodie und den Gesang ohne den Film zu hören, ist das Ausblenden des Monitors bei einem Beamer, sodass die Kinder nur die Gesänge hören und so dazu tanzen können.

Quizfragen zu „Ronja-Räubertochter“

Nr.	Fragen	Antworten
	1. Kapitel	
1	Wie heißen die Eltern von Ronja?	Mattis und Lovis
2	Wie heißen die Eltern von Birk?	Borka und Undis
3	Vier Dinge, vor denen sich Ronja bei ihren Besuchen im Wald hüten soll	Borkaräuber, Graugnomen, Fluss plumpsen, verirren
	2. Kapitel	
4	Von welchen Dunkelwesen wird Ronja an ihrem ersten Tag im Wald angegriffen?	Von Graugnomen
5	Wie heißt der älteste Räuber auf der Mattisburg?	Glatzen-Per
	3. Kapitel	
6	Welches Schimpfwort verwendet Ronja gern für Borkaräuber?	Hosenschisser
7	Wie geht dieser Fluch weiter? „Scher dich zum …“	Donnerdrummel
8	Mit welchem Gegenstand rettet Ronja Birk aus dem Höllenschlund?	Mit einem Lederriemen
9	Was wirft Mattis an die Wand, als er von Birk und Borka erfährt?	Hammelbraten, Bierkrüge, Suppentopf, Eier
	4. Kapitel	
10	Wie heißt das Gedicht, das Mattis angeblich macht, bevor er an den Höllenschlund kommt?	Klagelied über einen toten Borkaräuber
11	Durch welchen Eingang gelangen die Borkaräuber in die Borkafeste?	Durch eine kleine Pforte für Mägde
12	Wer verursacht den Nebel, der aufkommt, als Ronja Birk im Wald trifft?	Die Unterirdischen
13	Wieso hält Birk Ronja im Nebel so fest?	Damit sie nicht zu den Unterirdischen kann.
	5. Kapitel	
14	Warum will Ronja kein Räuberhauptmann werden?	Weil die Leute wütend werden und weinen.
15	Was hat Mattis der Witwe mit den acht Kindern geschenkt?	Einen Sack Mehl
16	In was bricht Ronja ein, als sie im Winterwald einen Ski verliert?	In eine Rumpelwichthöhle
17	Was hängen die Rumpelwichte an ihren Fuß?	Eine Wiege
18	Wer befreit Ronjas Fuß aus der Rumpelwichthöhle?	Birk
	6. Kapitel	
19	Warum hat Mattis nach ihrem Ausflug auf den Skiern so furchtbare Angst um Ronja?	Weil sie krank geworden ist.
20	Womit vertreiben sich die Räuber im Winter die Zeit?	Schnee schaufeln, Skier schnitzen, würfeln, tanzen, singen
21	Warum trägt Ronja im Keller den Geröllhaufen ab?	Weil sie Birk wiedersehen will.
22	Von wem wird Ronja beinahe bei ihrem heimlichen Treffen mit Birk im Keller erwischt?	Von Glatzen-Per
	7. Kapitel	
23	Warum sieht Birk so blass und dünn aus, als Ronja ihn im Keller wiedersieht?	Weil die Borkaräuber nicht genug Vorräte haben.
24	Wie befreit Ronja Birk von seinen Läusen?	Mit einem Läusekamm
25	Was befiehlt Lovis den Räubern, damit sie ihren Dreck loswerden?	Sie müssen splitternackt in den Schnee springen.

Nr.	Fragen	Antworten
	8. Kapitel	
26	Welches Tier möchte Ronja gerne haben?	Ein Wildpferd
27	Welche beiden Namen geben Ronja und Birk ihren Pferden?	Racker und Wildfang
28	Wo landet Ronja, als sie zum ersten Mal versucht zu reiten?	Im Weiher
29	Wie wurde der Räuber Sturkas verletzt?	Er bekam einen Pfeil in den Hals.
	9. Kapitel	
30	Wie nennen die Räuber Sturkas nach seiner Verletzung?	Schiefschädel
31	Wie will Mattis Borka aus der Borkafeste vertreiben?	Er hat Birk entführt.
32	Wie nennt Mattis Birk?	Otterngezücht
33	Wann will Mattis Birk seinen Eltern erst zurückgeben?	Wenn der Sommer vorbei ist.
34	Warum will Mattis Ronja nicht mehr von Borka zurückhaben?	Weil er behauptet, sie sei nicht mehr sein Kind.
	10. Kapitel	
35	Warum schleppt Birk ein Bündel mit sich im Wald herum?	Weil er in die Bärenhöhle ziehen will.
36	Auf welche beiden Mattisräuber trifft Ronja, als sie sich nachts auf den Weg zur Höhle macht?	Auf Tjegge und Tjorm
37	Wer tanzt im Mondschein auf einem Stein?	Dunkeltrolle
	11. Kapitel	
38	Aus was ist Ronjas Bettdecke in der Höhle?	Aus Eichhörnchenfell
39	Wann ist es in einer Bärenhöhle am kältesten?	Im Morgengrauen
40	Welche Eindringlinge verjagen die beiden aus der Bärenhöhle?	Graugnomen
	12. Kapitel	
41	Welchen Fisch haben Ronja und Birk als Erstes an der Angel?	Einen Lachs
42	Was legt Lovis immer auf blutende Wunden?	Weißmoos
43	Weshalb streiten sich Ronja und Birk?	Weil das Messer verschwunden ist.
44	Welches Tier hat das Fohlen gerissen?	Ein Bär
	13. Kapitel	
45	Wie taufen sie die Stute, von der sie Milch bekommen?	Lia
46	Wer von den beiden kann sich als Erstes auf seinem Pferd halten?	Birk
47	Von welchen Wesen werden Birk und Ronja auf ihren Pferden gejagt?	Von Wilddruden
48	Wie heißt der erste Besucher von der Mattisburg, der bei der Höhle auf Ronja wartet?	Klein-Klipp
	14. Kapitel	
49	Was machen Ronja und Birk, als eine Schar Wilddruden auftaucht?	Sie baden im Fluss.
50	Wie heißt der Wasserfall, auf den die beiden zusteuern?	Glupafall
51	Wer wartet auf Ronja, als sie vom Baden nach Hause kommt?	Ihre Mutter Lovis
	15. Kapitel	
52	Was hat Lovis von sich bei Ronja gelassen?	Ihr graues Tuch
53	Was bedeutet es, wenn die Unterirdischen singen?	Es bedeutet, dass der Winter bald kommt.

Nr.	Fragen	Antworten
	16. Kapitel	
54	Wo wartet Mattis auf Ronja?	Auf einem Stein an einer Quelle
55	Unter welcher Bedingung geht Ronja mit Mattis zurück nach Hause?	Wenn Birk mitkommt.
56	Worin badet Ronja, als sie wieder zu Hause ist?	In einem Waschzuber.
57	Warum ruft Mattis am Abend von Ronjas Heimkehr noch einmal nach ihr?	Weil er sicher gehen will, dass sie wirklich da ist.
	17. Kapitel	
58	Warum soll sich Mattis mit Borka versöhnen?	Weil sie nur zusammen gegen die Landsknechte eine Chance haben.
60	Wer gewinnt den Zweikampf?	Mattis
61	Was tun die Räuber nach dem Zweikampf?	Sie feiern zusammen.
62	Welches Wesen hat Glatzen-Per einmal gerettet?	Einen Graugnom
	18. Kapitel	
63	Wer stirbt in der Mattisburg?	Glatzen-Per
64	Wo wird Glatzen-Per beerdigt?	Unten am Fluss
65	Wovon können Ronja und Birk später gut leben?	Von den Silberklumpen im geheimen Bergwerk

Bastelanleitung zur Rumpelkiste (= Höhle der Rumpelwichte)

Benötigte Materialien:
Schuhkarton, Watte, Naturmaterialien (Moos, Eicheln, Walnüsse, Haselnüsse, Kastanien, Zapfen, Ästchen, Hagebutten usw.), Wasserfarben, braune Knete, Klebestift

Ausführung:
1) Entferne den Deckel des Schuhkartons.
2) Grundiere (am besten mit einem Schwämmchen) den Innenraum des Schuhkartons mit Braun- und Grüntönen aus dem Farbkasten.
3) Stelle ihn nun auf die lange Querseite, sodass die Öffnung des Kartons frontal zu dir hinzeigt.
4) Das Innere kannst du nun nach deinen eigenen Ideen mit den Naturmaterialien gestalten. Zum Befestigen der Materialien eignet sich Knete sehr gut.

Hier einige Ideen zur Umsetzung:
- Als kleine Wiege könnte man eine Walnussschale an einem Faden an der Decke der „Höhle" befestigen.
- Kleine Ästchen, die mit Knete ebenfalls an der Decke der „Höhle" angebracht werden, sehen aus wie Wurzeln der Bäume.
- Das Moos könnte man auf dem Höhlenboden als Teppich auslegen.
- In den Ecken stapeln sich Nüsschen und Eicheln als Wintervorrat.
- Die Watte könnte man abschließend auf die obere Fläche drapieren, um die geschlossene Schneedecke zu simulieren.
- Aus Eichel- oder Buchenhütchen, Eicheln und dem Mantel der Kastanie könnte man auch einen Rumpelwicht bauen. Der Fantasie sind hierbei keine Grenzen gesetzt.

Tipp:
Die beste Jahreszeit zum Basteln einer Rumpelkiste ist der Herbst. Da finden sich alle erdenklichen Naturmaterialien in Hülle und Fülle im Wald.

Eine Kiste kann je nach Zeitrahmen in Einzel-, Partner- oder Gruppenarbeit erstellt werden.
Die fertigen Rumpelkisten bieten auch einen wunderbaren Hintergrund bei einem möglichen Lindgren-Abend für die Eltern.

Aus der Trickkiste des Regisseurs Tage Danielsson

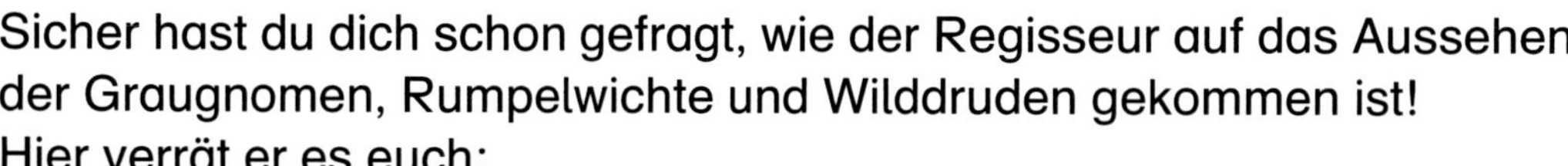

Sicher hast du dich schon gefragt, wie der Regisseur auf das Aussehen der Graugnomen, Rumpelwichte und Wilddruden gekommen ist!
Hier verrät er es euch:

Die Wilddruden

Na? Erkennst du die Ähnlichkeit? Genau! Vor langer, langer Zeit haben sich Menschen in Griechenland so Monster vorgestellt. Sie haben geglaubt, dass es schöne Frauen mit Vogelflügeln waren. Sie wohnten angeblich in einer Höhle und mussten auf Befehl Leute töten, die den Gott Zeus zornig gemacht hatten. Sie sollen schneller als der Wind gewesen sein und noch dazu unverwundbar. Sie wurden Harpyien genannt. An diese Harpyien dachte Tage Danielsson, als er sich das Aussehen der Wilddruden ausgedacht hat.

Die Rumpelwichte

Die Rumpelwichte bereiteten Tage viel Kopfzerbrechen. Erst wollte er Puppen verwenden, dann Kleinwüchsige. Aber diese Ideen gefielen ihm nicht so gut. Er grübelte und grübelte und dann hatte er plötzlich die Lösung: Die Rumpelwichte sollten von erwachsenen Menschen gespielt werden. Damit sie klein aussahen, wurde alles um sie herum viermal so groß gemacht: Äpfel, Körbe, Wurzeln und auch Ronjas Skier.

Zeichne einen Apfel, der ungefähr so groß ist wie in Wirklichkeit. Male ein Viereck um den Apfel. Miss die einzelnen Seitenlängen aus. Nimm nun ein großes Blatt. Zeichne das Viereck vergrößert darauf, jede Seite muss viermal so lang sein wie vorher. Dann male einen Apfel hinein, der an die Seiten anstößt. So groß war dann ein Apfel im Film.

Die Graugnomen

Die kleinen Gnome an sich waren kein großes Problem. Hierfür war die Idee schnell gefunden: Fünf- bis sechsjährige Kinder sollten in haarige Kostüme gesteckt werden und als Augen bekamen sie batteriebetriebene Taschenlampen. Eines Tages kamen also zwei ganze Busladungen voller Kinder zum Drehort und – das Chaos brach los: Sie stibitzten Bananen und dem Beleuchter biss ein vorwitziger, kleiner „Graugnom“ doch tatsächlich ins Bein!

Kleidung der Räuber

Natürlich musste sich der Regisseur auch ausdenken, wie die Räuber gekleidet sein sollten. Schließlich hatten die Räuber ja im Mittelalter gelebt, konnten also nicht mit Jeans, Pulli und Turnschuhen herumlaufen. Da kam ihm ein urururalter Teppich zu Hilfe. Dieser Teppich heißt „Teppich von Bayeux (sprich: Bajö). Auf ihm waren Menschen abgebildet, die zu der Zeit lebten, als auch Mattis und Borka ihr Unwesen in den Wäldern trieben. Schau dir Bilder von diesem Teppich an! Male die Menschen aus, deren Kleider dich an die Räuber erinnern.

Rüstungen der Landsknechte

Auch für die Rüstungen der Landsknechte war der Teppich Vorbild. Schau selbst:

Wer darf Birk spielen?

Wer Ronja spielen sollte, war schnell klar: Hanna Zetterberg! Aber Birk? Wer konnte Birk spielen? 150 Jungs hatten sich für die Rolle von Birk Borkasohn beworben, doch keiner gefiel dem Regisseur Tage Danielsson und seinem Team. Langsam glaubten sie schon nicht mehr, dass sie einen passenden Birk finden würden.
Da kam der Assistent des Regisseurs eines Tages an einem Spielplatz vorbei. Dort sah er einen rothaarigen Wildfang mit seinem Freund herumturnen. Sofort war ihm klar, dass das ein toller Birk sein würde. Die Eltern des Wildfangs, dessen Name übrigens Dan Håfström ist, erlaubten ihrem Sohn, den Birk im Film „Ronja" zu spielen. Dan erzählt euch, wie er sich gefühlt hat:

„Ronja war eines der ersten Bücher, die ich ganz alleine gelesen habe. Ich saß in einem Zug von Skåne nach Stockholm und es ist immer noch eines der größten Leseerlebnisse meines Lebens. Nun hatte ich Gerüchte gehört, dass es verfilmt werden sollte, und ich hatte mich schon darauf gefreut, denn ich wollte wirklich den Film sehen. Aber dass ich Birk spielen würde, wäre mir nicht im Traum eingefallen."

Und so hatte Tage Danielsson endlich einen passenden Birk und es konnte losgehen mit den Dreharbeiten.

Kritik zum Film

Schreibe deine Meinung über den Film „Ronja Räubertochter“ auf. Überlege dir hierfür, was dir an dem Film besonders gefallen hat und was weniger. Vielleicht kannst du auch etwas darüber schreiben, ob du die Auswahl der Schauspieler gut fandest und ob du dir die Dunkelwesen auch so vorgestellt hast wie der Regisseur. Vergib zu Beginn Sternchen für den Film (fünf ausgemalte Sternchen bedeuten Note 1; 0 ausgemalte Sternchen bedeuten Note 6).

Kritik zu dem Film „Ronja Räubertochter“

Von: ______________________________

Film bekommt von mir: ☆ ☆ ☆ ☆ ☆

Das hat mir am Film gefallen:

____

____

____

____

Das hat mir nicht so gefallen:

____

____

____

____

Das habe ich mir anders vorgestellt:

____

____

____

____

Lösung

Lösung zu „Räuberlieder und Räubertänze“, S. 140

Hauptmänner-Hymne

1. Strophe „Borka“:
Hööööh!
Ich kenn' `nen Häuptling,
`nen kleinen Furz,
was kann der allda
wahrhaftig nichts nein, gar nichts ja,
denn er heißt Borka.

2. Strophe „Mattis“:
Ich kenn `nen Mann
so groß und so stark wie keinen sonst
Er ist der größte Häuptling hier
und Mattis heißt der Mann.

Der Häuptling immer stärker wird,
weil so viel Bier er trinkt.
Es kommt der Tag, an dem sein Bauch zerspringt, zerspringt.

3. Strophe „Lovis“:
Ich kenn `nen Häuptling,
der trägt `nen Rock,
böse wie `ne Drude.
Wenn wir erfrieren,
kümmert's sie nicht, Teufelsgesicht.

Quellenverzeichnis

Primärmedien:

- Lindgren, Astrid: Näs – mein Elternhaus. Astrid Lindgren erzählt, Verlag Boa på Näs, 2007
- Lindgren, Astrid: Das entschwundene Land, Oetinger Verlag, 1977
- Lindgren, Astrid: Ronja Räubertochter, Oetinger Verlag, 1982
- Lindgren, Astrid: Kalle Blomquist, Oetinger Verlag, 1996
- Lindgren, Astrid: Madita, Oetinger Verlag, 2007
- Lindgren, Astrid: Immer dieser Michel, Oetinger Verlag, 1972
- Lindgren, Astrid: Pippi Langstrumpf, Oetinger Verlag, 1967
- Lindgren, Astrid: Strömstedt, Margareta; Norman, Jan-Hugo: Mein Småland, Oetinger Verlag, 1988
- Das große Astrid Lindgren Liederbuch, Oetinger Verlag, 2007
- Schönfeldt, Sybil Gräfin: Bei Astrid Lindgren zu Tisch, Arche Verlag, 2007
- Kümmerling-Meibauer, Bettina: Klassiker der Kinder- und Jugendliteratur, Metzler Verlag, 2004
- Björk, Christina; Eriksson, Eva: Von Kletterbäumen, Sachensuchern und kitzligen Pferden. Astrid Lindgrens Kindheit, Oetinger Verlag, 2007
- Karlsson, Petter & Erséus, Johann: Von Pippi, Michel, Karlsson & Co: Astrid Lindgrens Filmwelt, Oetinger Verlag, 2006
- Forsell, Erséus, Strömstedt: Astrid Lindgren. Bilder ihres Lebens, Oetinger Verlag, 2007
- Strömstedt, Margareta: Astrid Lindgren. Ein Lebensbild, Oetinger Verlag, 2001
- Verfilmung von Ronja Räubertochter: Regisseur Tage Danielsson, 1985

Bildquellen:

- Schwedenkarte aus: Vielen Dingen auf der Spur / Europa; Delta Verlag 1999
- Salikon aus: Näs – mein Elternhaus. Astrid Lindgren erzählt, Verlag Boa på Näs, 2007
- Familie Ericsson aus: Lindgren, Strömstedt, Norman: Mein Småland, Oetinger Verlag, 1988
- Madita mit Schulmütze aus: Björk, Eriksson: Von Kletterbäumen, Sachensuchern und kitzligen Pferden. Astrid Lindgrens Kindheit, Oetinger Verlag, 2007
- Schreibtisch Stockholm aus: Berf, Surmatz: Astrid Lindgren. Zum Donnerdrummel! Ein Werkporträt, Oetinger Verlag, 2002
- Lindgren im Baum aus: Forsell, Erséus, Strömstedt: Astrid Lindgren. Bilder ihres Lebens, Oetinger Verlag, 2007
- Astrid lachend aus: ebd.
- Rumpelwichte und Tage Danielsson: aus: Karlsson, Erséus: Von Pippi, Michel, Karlsson & Co. Astrid Lindgrens Filmwelt, Oetinger Verlag, 2006
- Teppich von Bayeux: www.iris-kammerer.de/html/bayeux.html
- Harpyie aus: Artikel von Wikipedia zu „Harpyie“
- Hanna Zetterberg und Dan Håfström: aus: www.efraimstochter.de